Viagem da Alma

Aprenda a usar o pensamento
a seu favor

Sonia Ramos

Viagem da Alma

Aprenda a usar o pensamento a seu favor

novo século®

São Paulo 2011

PRODUÇÃO EDITORIAL	Equipe Novo Século
PROJETO GRÁFICO E COMPOSIÇÃO	Claudio Tito Braghini Junior
CAPA	Equipe Novo Século
REVISÃO	Raquel Benchimol e Patrícia Murari

Dados Internacionais de Catalogação na Publicação (CIP)
(Câmara Brasileira do Livro, SP, Brasil)

Ramos, Sonia
Viagem da alma: aprenda a usar o pensamento a seu favor / Sonia Ramos. -- Osasco, SP: Novo Século Editora, 2011.

1. Autoconhecimento 2. Conduta de vida 3. Consciência 4. Desenvolvimento pessoal 5. Energia vital 6. Espiritualidade 7. Pensamento I. Titulo II. Série

11-02896 CDD-291.4

Índices para catálogo sistemático:

1. Força do pensamento: Espiritualidade e desenvolvimento interior 291.4

2011
IMPRESSO NO BRASIL
PRINTED IN BRAZIL
DIREITOS CEDIDOS PARA ESTA EDIÇÃO À
NOVO SÉCULO EDITORA
Rua Aurora Soares Barbosa, 405 – 2º andar
CEP 06023-010 – Osasco – SP
Tel. (11) 3699-7107 – Fax (11) 3699-7323
www.novoseculo.com.br
atendimento@novoseculo.com.br

Dedico esse livro a Luiz Vasconcelos, meu editor, e a sua assessora Daniela que me estimularam a escrevê-lo. De coração.

* * *

Agradeço a todos os alunos e clientes que corajosamente se prestaram a treinar seus pensamentos comigo para conquistarem novos padrões de saúde, de prosperidade e de afetividade ao longo dessas duas décadas. Todos e cada um deles fazem parte da estória da minha alma, sem dúvida alguma.

Agradeço também e profundamente a Julia Barany que foi revisora pertinente e entusiasmada como jamais havia encontrado.

Agradeço penhoradamente Luciane Merli que teve muita paciência com a minha agenda para que eu pudesse escrever.

Sumário

Introdução

A alma precisa de um roteiro de viagem.

Uma jornada de mil milhas
começa com um único passo
– Lao Dan.

Uma firme constatação de que a alma pleiteia um plano de aperfeiçoamento sempre norteou a minha alma, pois desde criança convivi com pais que acreditavam, se exprimiam e viviam de acordo com tal filosofia. Nada mais natural que na maturidade – e cada vez mais – os aspectos que guiam a alma para um destino realizador passassem a fazer parte da minha rotina diária.

Escolher a autoinclusão no plano divino significa estabelecer uma sistemática de amor, de cura, de treinamentos e de compromisso ao longo das horas, dos dias e dos anos.

Isso se chama trabalho pessoal.

Há muitos anos, e com a técnica energética chamada *reiki*, a energia divina me conduziu ao ensinamento.

À medida que viajei pelo mundo difundindo uma técnica espiritual e energética de amor e de cura, fui constatando a sede universal das pessoas por conhecimento e energia, o que tornou inevitável a criação de seminários que facilitassem o trabalho interior, abrindo o coração dos que ansiavam pelo contato com o Caminho, a Verdade e a Vida; o que eu chamo de Viagem da Alma ou Rastros de Deus.

As pessoas não param de buscar até sentirem que encontraram um rastro da verdade porque ali está a vida. Esse é o caminho do amor.

Ao longo dos anos, as pessoas, com a necessidade crescente de conquistar a própria alma, inspiraram-me novas propostas.

Foi como surgiram os treinamentos da alma tais como Dinâmica do Pensamento, O Pensamento Silencioso, Pensamento Racional e Criativo, Dinâmica da Emoção e a estrutura do medo, da raiva e da vingança, Existe o destino¿ O caminho do coração, Os chakras, Desenvolvimento do Progresso humano entre outros tantos até que o meu editor pediu-me que escrevesse um livro sobre tais seminários.

Eis, portanto, a função deste livro: habilitar um maior número de pessoas ao *trabalho* pessoal, o processo autoinduzido de transformação, de limpeza energética e de aquisição de conhecimentos. É adquirir experiência interior e consciente que jorra sobre o seu mundo externo como luz do Sol.

Nos círculos comprometidos com o desenvolvimento da raça humana, denominados círculos ocultos, o trajeto de trabalho pessoal também é chamado de "viagem". A experiência do invisível na matéria.

Todas as pessoas sobre a Terra desejam o bem-estar, a satisfação, alcançar os sonhos e dissolver as dificuldades, como se assim alcançassem algo maior e definitivo. A alma necessita sentir tal estado.

A viagem da alma leva a esta grande experiência do Espírito e nada se compara a isto. É a única experiência física que tem sabor de eternidade.

O que é eternidade? Um estado de ser, de paz intocável e de amplitude energética que abraça o tempo, o corpo físico, o dia e a noite. A alma reconquista, apesar do peso da matéria, a consciência do infinito.

O presente livro é uma primeira proposta de carga energética positiva na transmissão de conhecimentos que facilitem e deem suporte ao seu desenvolvimento interior para conduzi-lo ao sentimento de eternidade. Para que isso aconteça, é claro que você precisa sentir melhoras diárias em vários setores da sua vida, de seus relacionamentos e de suas conquistas.

Faço parte do movimento sem fronteiras, que tomou conta de milhares de pessoas para quem as fórmulas exteriores não funcionam mais e nem convencem. Durante duas décadas, o movimento cresceu e sinto-me confortada por ver que sempre mais pessoas buscam a cura de seu coração. Isso não aconteceu sem o grande empurrão das crises existenciais. Em todos os lugares, vi claramente a grande crise encurralar os seres humanos para algum nível de cura numa peregrinação global jamais vista. Todos parecem ser guiados por uma busca que vem de dentro e que leva para dentro.

Assim, Viagem da Alma surgiu do meu coração para o seu, esclarecendo leis da energia[1] e dos homens que envolvem ambos na forma de tecnologia mental, emocional e espiritual.

Cada tópico ou capítulo representa uma peça de um jogo de tabuleiro.

Talvez você encontre neste livro ou na coletânea temas de que ouviu falar, mas de repente quer reciclá-los com mais intensidade, e pode encontrar algo novo que toque o seu coração AGORA.

Quando algo toca o coração humano, ele renasce. Toda a cura pela qual a humanidade está atravessando passa pelo coração.

Considere os capítulos, assim como os livros sucessivos a este, como possibilidades de nutrição e de estímulo, um aroma, um perfume, uma vitamina que preenche rugas da alma, cancela hábitos da mente e rejuvenesce o seu espírito.

Todo ser humano nasce como criança, mas só se torna a criança divina quando entra *conscientemente* em contato com a eterna nutrição divina.

Sem dúvida é uma viagem... De retorno!

---

[1] A linguagem deste livro trata o mundo interior e exterior como energia passível de ser conduzida por processos de conscientização (N.A.).

Capítulo um

O assunto "alma".

O assunto "alma" sempre dá o que falar. Há os que a ignoram totalmente, os que se sentem ansiosos porque não sabem bem o que ela significa e há os que a evitam deliberadamente como se corressem riscos de vida.

– Não aguento mais, não há mais esperança, desisto! – disse Caio, ao entrar com as costas arcadas, como se carregasse o mundo.

Indaguei o que acontecera.

– Nada, não aconteceu nada, esse é o problema. Minha vida segue sem importância. Ao fazer loucuras, não encontro "aquele" algo a mais, e se vivo "normalmente", também não encontro. Fora isso, os meus amigos estão se sentindo tão perdidos, ninguém quer se comprometer com ninguém e me aconselham a fazer o mesmo.

– Caio, por onde anda a sua alma?

– Nem sei se tenho alma, pelo menos eu ainda não me encontrei com ela! Você tem uma receita para isso acontecer?

Uma grande ternura invade o meu coração quando me deparo com fatos assim. Sinto a vontade irresistível de sorrir.

Caio, como tantos outros, era um dos "fujões" de alma. Eles representam um mistério à parte. Os seres humanos têm uma capacidade enorme de ver, aceitar e conviver com formas de governo, de ideologias, de gostos em termos de moda, de ritos religiosos e de tradições populares, e por isso deveria ser impossível temer algo! Mas eles temem. Quanto mais fogem, mais cresce a sensação de saudade, de exclusão, de inutilidade e de solidão. Uma pressão aperta o coração, e mais ainda a alma, e você dificilmente poderá se livrar dela por todo o sempre.

Mais dia, menos dia, todos têm que lidar com a própria alma. A alma é a essência que nos mantém em contato com o começo da nossa estória[2] divina.

– Isso vai me dar mais energia? – perguntou Caio. – É o que mais preciso e menos tenho.

– A alma é a coordenadora da energia que atravessa você. Ou melhor, aquilo que é considerado você, seu corpo, sua mente (em geral mente significa um todo de pensamentos e sensações), suas emoções, sua consciência e seu espírito. Quer energia? Trabalhe-a dentro de você, aprendendo constantemente sobre pensamentos, emoções,

---

[2] A autora usará este termo sempre que significar um trajeto do espírito ou um feito interior, e história como trajeto de feitos externos (N.P.).

espiritualidade do mesmo modo que recupera outro tipo de energia ao fazer ginástica.

– Tudo isso é alma?

– Vamos dizer que a alma é a sua parcela individual de céu. Imagine que você é um espaço capaz de atrair mais ou menos energia pertencente ao todo. Dependendo de como este espaço agir, a energia responde. Sua alma pode ser imensa ou pode ser do tamanho de uma galinha.

– Como descubro ou redescubro minha alma? – perguntou Caio com voz cheia de esperança.

– Quando uma crise existencial, amorosa, financeira ou religiosa bater à sua porta.

– É o que sinto agora! Você está me dizendo que esse mal-estar horrível tem um sentido maior?

– Você é que precisa escolher se dará um sentido maior para o que vive. O que posso dizer do fundo do meu coração é que a alma contém a esfera da mente, da supermente, do coração, da consciência e do corpo. Ela é a bandeira de tudo que você já fez, faz e fará em cada segundo de vida.

– Como posso saber se ela existe de verdade?

– Cada vez que a sua alma quiser dar um passo a mais, uma crise aparecerá. O seu coração aperta e as perguntas aparecem: "e agora, o que eu faço? Para onde vou?". Tudo sempre começa com uma pergunta.

– Ela deve existir mesmo, porque, senão, eu ficaria feliz quando faço loucuras que dizem ser o máximo de prazer, de curtição, mas não é o que realmente sinto. A coisa me deprime. Eu sempre me perguntei de onde vinha essa sensação incômoda. Agora sei que tem um nome. Agora estou ligando uma coisa na outra.

– É um bom início para a grande viagem da alma. Um raio de luz. Um primeiro contato. Tomada de consciência com um toque de esperança.

– Afinal, o que significa a expressão viagem ou jornada da alma?

– É o caminho que sua alma percorre para encontrar consigo mesma. A alma, para muita gente, é um aspecto religioso e distante. As pessoas só se debruçam sobre o assunto quando é realmente necessário, e com um olhar quase complacente.

– Como se fizesse algum tipo de "favor"? É como me sinto agora. Eu sinto que estou fazendo uma concessão a você por dar atenção ao assunto "alma".

– Eu sei e compreendo, todavia, esse conceito de distância afasta você da sua alma; e acreditar que ela está longe de você faz com que se sinta isolado e sozinho!

– Este assunto me acalma, já posso notar! É como se eu esperasse a minha vida toda por isso.

– Se você acha que a sua alma está fora de você e é inatingível, você tem um desafio. É necessário se conscientizar do quanto tal ideia pode estar enraizada em seu coração e em sua mente.

– Vou ser honesto. Raramente considerei que este assunto fosse merecedor de algum tipo de atenção. Eu achava que era coisa de gente de igreja ou de quem escrevia livros. Por outro lado, sempre vivi com medo de não ser dono da minha vida e eu não sabia se me interessar pelo lado invisível da vida ia me levar a isso. Talvez só agora eu esteja sentindo porque fugi da minha alma.

– É... Quando uma grande crise surge com poder, como se fosse a detentora da sua vida, o coração aperta até a alma aparecer ou ser buscada, como único alento e última opção do desespero.

– Acho que ninguém sabe disso – refletiu Caio em voz alta.

– A maioria das pessoas age como se a alma não estivesse lá. A ALMA ESTÁ! O tempo todo! Diga-me uma coisa, Caio, caso já tenha pensado no assunto. Para que serve a alma? Ela serve para algo específico ou é uma bagagem obrigatória que devemos levar vida afora, sem opção?

– Eu nunca refleti, de verdade, sobre a minha alma. Sempre achei que devia ser uma coisa pronta, independente da minha vontade, e que vive num outro mundo. O que faço para começar a tal viagem da qual falou?

– O primeiro passo é reconhecer que você não sabe tudo. Sua consciência necessita retomar o diálogo com seu dia a dia. Quando você entra com consciência na sua vida, sua alma se ativa e se expande. Perceba que há – sempre – "alguém" dialogando com você, com sua mente e com o que faz. O que pode ser isso, senão a sua alma tentando dialogar com a sua mente?

– Isso já me interessa mais do que as coisas que tenho visto por aí. Falar com a minha consciência pode ser "aquela" sensação que procuro! Então, o primeiro passo é desistir de achar que só eu sei tudo. E o segundo passo?

– É a consequência natural do primeiro: você está aqui para aprender. Alguma vez, você já pensou na passagem pela vida no planeta Terra como uma permanência numa astronave onde as pessoas aprendem a amar *de verdade*?

– Entendi. O segundo passo é olhar para o planeta Terra como se eu estivesse numa Academia da Alma. Posso lidar com isso e até achar uma lógica, mesmo porque ainda não encontrei alguém que soubesse amar sem cobranças indignas, fora heróis que sempre lutaram pelo bem, por Deus ou pelo amor. Faz sentido.

Eu podia ver no fundo da mente de Caio a dúvida viva, apesar de já estar começando o diálogo com a existência da sua alma. Era extraordinário presenciar essa tomada de consciência inicial, o começo da grande partida de todos os tempos. Entrar para a história do Bem e do Mal. Na esfera dos pensamentos, a consciência dos efeitos do bem e do mal é indispensável para um treinamento eficiente.

Caio, como muitos outros, olhava para a alma como se fosse um país longínquo na lista de escolhas turísticas de celebridades. O inalcançável. Uma meta em que se sentiria deslocado porque não conhece os costumes, as leis e a língua. Ele estava tão desesperado, sentindo-se morrer por dentro de maneira tão intensa, que estava até aceitando a minha proposta como se fosse a única que ainda não lhe haviam feito. No entanto, a crença pessoal ainda estava ali, nas entrelinhas que seu olhar fugidio demonstrava ao observar os dedos que contavam os passos que eu citava. Ali estava a crença de que encontrar a alma era algo meio inútil quando saímos para trabalhar, entramos em uma corporação ou travamos um relacionamento.

Quando as pessoas falam comigo, elas se referem aos assuntos da alma como "acredito nessas coisas", "acredito nisso", "isso é muito complicado", "é muito difícil para mim" como se a presença da alma dependesse de um pleito celestial de esfera longínqua. Como se não lhes pertencesse.

Caio ergueu os olhos. Eu estava demorando em retomar a conversa com ele.

– O terceiro passo é se conscientizar do valor e do poder dos pensamentos.

– Por que coisas boas me aconteceriam se eu pensasse positivo? Já tentei atrair coisas boas desta maneira, mas não funcionou muito bem.

– Imagino que, se você usar o poder mental de maneira utilitarista, o diálogo com a sua alma ficará ainda mais distante! As grandes escolas da alma propuseram o conhecimento das leis que regem o poder do pensar e não disseram que é para ser usado para conseguir tudo o que lhe der prazer. Não é assim que a alma se expressa.

– Então não devo conseguir o que desejo? – Caio pareceu bem preocupado.

– O coração que se propuser a um bem maior, que vai além do imediato, e conhecer e treinar seus pensamentos, suas emoções e seus sentimentos, inevitavelmente, vai realizar sonhos. É quando a alma tem chance de unir o pensamento, o sentimento e a ação.

Finalmente Caio fez a grande pergunta que alguns temem.

– Antes de ir em frente com os passos, quero perguntar se a alma me serve ou se eu a sirvo? Qual a sua serventia no dia a dia, caso eu me decida a treiná-la?

– A alma serve a si mesma e a essência dela é pura consciência! Eis porque encarar de frente processos de conscientização ajuda a entrar em contato com a alma.

– Por que as pessoas continuam isolando-se da própria essência e alma?

– Porque ainda se sentem escravas de mil direções, de mil apelos que as distanciam do centro organizador. Depois, hoje em dia, existe a cultura do sucesso e isso é um apelo violento. Para o culto chamado sucesso, deste que certos tipos de revistas extrapola, é desprezível ter decepções. Muita gente tenta esconder qualquer imagem de fracasso para evitar que o seu "valor" de mercado não despenque da noite para o dia. Ao lidar com o seu interior, tudo isso passa a ser visto com outros olhos. A visão se amplia. Cada lição e cada dificuldade contribui para novas conquistas. O sucesso é fruto de um processo interior profundo.

– Isso me interessa. O que é sucesso para a alma?

– Cada alma deverá encontrar a sua resposta.

– Para mim, sucesso é ser feliz – disse Caio.

O rapaz abaixou os olhos, como se sondasse o que estava dizendo. Em seguida, voltou a fazer perguntas.

– O que a sua alma acha?

– Acredito que sucesso é ser eu mesma ao máximo, dando certo.

– Eu também sempre desejei conseguir ser o máximo de mim dando certo, mas não dei, pelo menos até agora.

– A busca pelo sucesso do qual falam os meios de comunicação pode ser fatal para a alma, por ser baseada na idolatria de uma fama constante, sem direito a pausas de reflexão! Não há alma que aguente um ritmo que não seja o seu. A alma está aqui para treinar o compasso do amor por tudo, e isto requer certo ritmo.

– O que significa ritmo da alma?

– Significa que, quando você vai para dentro de você, não há preocupação com o sucesso ou com o fracasso, não há comparação com outras pessoas, isso cessa. A alma guia os instintos mais primários a fazer exercícios na academia de ginástica espiritual. A consciência inicia o grande processo de transformação autoinduzida, voluntária e que conduz à chamada iluminação.

– Engraçado, eu achava que treinamento de alma fosse algo amorfo.

– Eu sei. As pessoas falam de si como corpos e não como seres de alma.

– Mas, afinal, o que é alma?

– A sua eternidade individual. Um tufão pode levantar o seu corpo e fazê-lo desaparecer em segundos, mas não pode destruir os sentimentos que construiu durante a sua vida na Terra, nem nada poderá destruir a sua alma. Ponha isso na sua cabeçinha e no seu coração de uma vez por todas, sem jamais duvidar.

Comece desde já a aprender a criar pensamentos de vibração positiva que direcionem o seu desenvolvimento mental. Conquiste o poder mental espiritual gerando frases como as que seguem ou parecidas com elas.

Toda frase construtiva usa o verbo no presente. É aqui e agora que tudo pode se transformar.

Diga em voz alta, como se cantasse no coro de uma igreja ou de uma banda, como se repetisse mantras ou uma oração:

"Minha alma desconhece a morte, por mais que eu
tente ignorar isso. Ela vive eternamente em cada
momento do meu dia, em cada pensamento e em
cada batida do meu coração.
A minha alma vive mesmo que eu ignore a sua
existência. Nem a morte pode alcançá-la.
Eu sou responsável pelo coração da minha alma
por toda a eternidade.
A eternidade é o estado natural de ser da minha
alma. Aceito isso com todo o meu coração e com
responsabilidade."

*

– Você está prestes a experimentar o fantástico! – disse o monge.

O novo congregado olhou o ancião com olhos febris.

– Parece uma aventura! – exclamou.

– É uma aventura. Você está prestes a entrar no desconhecido – respondeu o velho.

– O desconhecido? Pensei que ia aprender sobre Deus.

– Aventurar-se a conhecer Deus é enfrentar a aventura suprema. Não se preocupe, a alma ama travessuras e cruzar espadas com os dragões que ora a levam ora impedem a sua viagem em direção ao extraordinário.

– Eu fui avisado de que hoje teria uma lição sobre os pensamentos, nada me disseram sobre aventuras para cruzar com Deus.

– O pensamento é o primeiro passo nos rastros de Deus. Adentrar os seus pensamentos é ousar entrar no desconhecido.

– Entrar em mim mesmo! – disse o congregado como se falasse consigo.

O monge soube que correria tudo bem com aquele moço à sua frente. Docemente ele já estava pensando de verdade.

– Entrar em si mesmo é encontrar a eternidade – disse o monge com suavidade.

– O que tem de tão especial na eternidade para que todos falem dela e a busquem com a alma?

– O que é eternidade? Um estado de ser, de paz intocável e de amplitude energética.

– Entrar em contato com o meu pensamento é entrar em mim mesmo encontrando Deus no sentido de eternidade.

Capítulo dois

Aprenda a confiar.

Quem caminha com a sua alma,
treina estar consciente de bênçãos.

Outro grande passo na esfera mental é aprender a confiar na alma. Chega de desconfiar da existência dela.

Hoje se sabe que segundos após a morte alguns gramas se soltam inexplicavelmente do corpo. São vinte e um gramas. Então, podemos concluir que a alma pode ser pesada.

Apesar desse fato, muitos ainda não confiam na presença real dela. Para muitos, a realidade não é "pesável", apenas somente o que se vê fisicamente.

Os egípcios detinham um conhecimento extraordinário, fato é que conheciam astronomia, arquitetura, medicina e engenharia como ninguém, e pesavam a alma de quem morria. O peso do coração era a medida para a qualidade de sentimento com a qual aquele indivíduo viveu e viveria daquele momento em diante.

A pesagem da alma, representada com detalhes no Livro dos Mortos, servia para lembrar aos descendentes a importância do invisível: "qual importância você dá à sua alma? Aquilo que só se pode identificar pelo coração?".

Viver com a alma é viver com o inefável sentimento de estarmos protegidos o tempo todo! Viver com a alma é fazer do sentimento de conexão com o Divino uma referência estável em todos os acontecimentos diários.

Você se sente mais forte porque está protegido, você se sente inatacável. É como estar no útero primordial. Quando o útero da mãe biológica não mais envolve o nosso corpo, qual outro ser pode fazer isso? Só o sentimento pode fazer esse papel.

O sentimento é o cordão umbilical que nos alimenta com segurança.

Para você desenvolver tal conexão, é necessário treinar a vontade. Isso se chama disciplina. Não se assuste com a palavra. Disciplina significa que a cada dia você decide fazer uso da sua vontade para pensar o bem, até que um novo hábito conduza a sua atenção e a sua intenção.

Por exemplo, caso você se proponha a treinar os seus pensamentos em relação ao seu emprego, trabalho na empresa, dedicação à família e alcançar seus sonhos, pode se preparar para atrair a presença constante dos anjos. Acontece também que você começa a perceber que, assim que pensa em algo, aquilo acontece, a pessoa em quem estava pensando aparece de repente na sua casa ou telefona, e assim por diante. Isso acontece porque tudo e todos estão ligados uns aos outros. Existem conexões entre você e seus pensamentos, você e seus anjos, você e suas emoções, você e os eventos da sua vida, os aliados que encontra e os amigos que cultiva.

Observar as conexões é um grande ato heroico. Quem não consegue ser heroico a esse ponto acaba endeusando a matéria como único deus. Você não pode extrair força da matéria. Só a consciência da alma pode – ao contrário – canalizar energia e vida à matéria.

Exercitar a alma é treinar a conexão com a energia chamada força. Para tal treinamento, o fator confiança é fundamental. É necessário confiar na força do seu poder mental. Vale lembrar que toda força de poder, seja mental, emocional, financeiro e físico, pode ter o peso da presença de um deus. Uso essa palavra para salientar o poder energético do qual estamos falando. Muitas pessoas devotam suas vidas a idolatrar péssimos pensamentos. Muitas os adoram como deuses, como figuras centrais de um altar, o de suas atividades mentais. Tomar conhecimento disso é fundamental.

Ao pensar em Deus como grande protetor você eleva conscientemente a qualidade da força que o guia, e, quanto mais elevado for o Deus (a força) da sua escolha, mais chances você terá de se sentir protegido. Conquistar poder inclui o fato de abandonar, por livre escolha, a cada passo e a cada etapa, os deuses menores e mais fracos. Quem se dispõe a desenvolver o poder mental abandona conscientemente a idolatria[3] por pensamentos horríveis (que se espalham pelo mundo), o hábito de assistir ao que faz mal, seja na televisão seja no cinema, além de deixar para trás o costume de falar ou repetir o que não enaltece.

Um dos exercícios mais fáceis é o de se propor a admirar aspectos lindos da natureza como expressão de uma força superior. A admiração pela natureza é útil para dar uma pausa mental, para em seguida poder pensar melhor e com maior foco propiciatório. Por exemplo, um céu cheio de estrelas ou uma extensão de montanhas.

Caso você suspire durante tal experiência, pode ter certeza de que recebeu um claro sinal de que uma nova energia fez seu músculo cardíaco se movimentar. Isso acontece porque você pressente a presença invisível de qualidade superior ao seu lado ou dentro de você. O invisível se torna tangível no seu sentimento amplificado.

---

3 As pessoas normalmente não notam que transformam seus pensamentos e crenças em verdadeiros deuses e os idolatram como imagens imutáveis de suas vidas. Mesmo que tais deuses sejam perniciosos e geradores de doenças (N.A.).

Capítulo três

Abrindo o coração de sua alma.

A chave para o desenvolvimento é a entrada
de dimensões da consciência na sua percepção
– Lao Dan.

Anita me procurou cheia de angústias e jurando que já tinha tentado de tudo, mas nada conseguia melhorar o seu estado. Ao entrar na sala onde eu a esperava, ela manteve a cabeça levemente abaixada, o olhar me espreitava de soslaio e ela carregava um volume no braço esquerdo, e no ombro direito, a sua bolsa.

Aguardei paciente que se sentasse à minha frente para nos apresentarmos. Anita atropelou o tempo e disse-me:

– Se você quiser, eu tiro a minha blusa preta e coloco a branca que trouxe de reserva!

O frio era intenso naquela manhã e, inicialmente, a minha mente captou o casaco a mais em seu braço, simplesmente como uma precaução pessoal dela.

– O que quer dizer? – indaguei.

– Já estudei muito o significado das cores e as sensações que elas nos provocam, já participei de mil seminários, mas esta manhã não sabia que cor devia usar para vir aqui. O que você prefere?

Meu coração foi tomado por imensa compaixão e ternura.

– O que diz o seu coração? – perguntei.

– Eu não sei!

Ela havia aprendido a teoria sobre as cores, mas não havia sentido as cores com o coração. Era por isso que não sabia o que ele dizia. Teoria é uma coisa bem diferente do conhecimento conscientizado.

Tentei mudar a linguagem para ver se ela contatava pelo menos um aspecto do seu ser.

– Qual você prefere?

– A preta – respondeu com alguma coragem.

– Você escolheu muito bem no seu atual estado de espírito. A cor preta magnetiza permitindo o que provavelmente deseja para si no dia de hoje – e dei o assunto por encerrado, passando ao que ela viera buscar.

No entanto, dentro do meu coração, decidi, naquele dia, que não ensinaria somente uma técnica nem àquela jovem nem a todos os meus alunos e clientes espalhados por países e Estados. Aquela moça insegura me guiou a um compromisso maior do que já tinha na época. Ela era a prova do que eu intuíra desde que a Grande Mão me levara a transmitir a energia *Reiki* em centenas de seminários durante anos a fio, sem tréguas e sem fronteiras.

Uma única técnica não basta jamais. Conscientizar pessoas por muitos meios era indispensável para curar o coração delas.

É necessário aprimorar a comunicação da tecnologia espiritual, a conscientização.

Quando iniciei o meu processo estabanado de conscientização, conhecimento e cura, sentia-me mais angustiada do que Anita e muitos outros que me buscaram ao longo dos anos. Quando isso acontece – e quase sempre acontece –, você precisa colocar uma flor no seu peito.

O que significa isso?

Significa conscientizar o seu coração, aquela única parte do ser capaz de conscientizar a esfera mental, de que a sua intenção primordial de agora em diante é dar total atenção à esfera do seu coração e oferecer-lhe uma flor a cada dia, uma oferta, um lembrete, um pensamento, uma emoção, uma oração e uma canção.

O aprendizado que não inclui elementos do seu coração não acontece, simplesmente não contém verdade e não é o *seu* caminho. Eu sabia desde o início do magistério *reiki* que nem mesmo aquela energia extraordinária e, principalmente, nem aquela linguagem divina poderiam transformar totalmente a vida de uma pessoa, o que, aliás, era o que todos desejavam ao participar do seminário.

As energias podem dissolver os empecilhos à transformação aos poucos, embora muitos consigam o que chamo de "tranco" ou "solavanco", ou seja, um impulso fora do comum em duas ou mais áreas da sua vida, de uma vez só.

Confesso que, durante os anos de peregrinação pelo mundo ensinando a mesma técnica japonesa, identifiquei participantes curiosos também – e não foram poucos –, e isso sempre me deixou perplexa, porque a curiosidade pura e simples traz bem poucos resultados. Os mais efêmeros. Os simples curiosos não atingem transformações amplas e sólidas.

No entanto, amei difundir *Reiki* porque é uma linguagem profunda – quando as iniciações são feitas de maneira apropriada – que abre *fisicamente* uma pequena brecha no coração do participante e, por um tempo, aumenta as probabilidades de transformação interior.

Para que as pessoas possam contatar o coração, é necessário conhecimento, sentimento, conscientização e treinamento.

Quase todos os dias você encontra gente que passa a maior parte da vida desejando mudar de cidade, de país, de emprego, de família de origem, de corpo, de marido, esposa, filhos, de cor de cabelos e de alimentação. Isso leva a um paradoxo. Quanto mais você se debate na negação de si, do seu corpo, de sua família, de seu trabalho e de seus atos, mais a sua energia se afunda no indesejável. Anita é um bom exemplo de quem dizia querer aprender indo a cursos, lendo livros sobre várias técnicas que ficavam tão isoladas do seu coração de amor que todos os seus distúrbios de insegurança, angústia e ansiedade se acentuavam.

Os antigos já sabiam que, quanto mais você resistir ao encargo de si mesmo sem parâmetros mais altos e mais sutis, mais você vai aumentar o peso com o qual caminha. Esse peso se chama desespero, raiva, ódio, ressentimento e ganância.

"Olhe as pedras que joga no seu caminho porque você se deparará com elas ao voltar" é um ditado milenar que foi confirmado pela ciência mais recente.

Quando a física, no final do século retrasado, se encarregou de estudar o que é a matéria, ninguém podia imaginar que chegaria a conclusões extraordinárias que afetariam a compreensão de nossos pensamentos, emoções, crenças e parâmetros globais.

A física afirmou que a nossa atenção e concentração mental afetam diretamente o deslocamento físico de um átomo e de sua posição, e que a matéria é, sobretudo, espaço vazio. A ciência disse com todas as letras que você só enxerga um elétron quando se propõe a isto, ou seja, que ele só se "mostra", aparece, quando você assim o deseja. Imagine um átomo que parece externo a você, mas acompanha o seu olhar, a sua atenção e a sua busca! É como se fosse *um só com você.*

Essa constatação levou, após longos debates e cruzamentos entre várias ciências e entre mentes prontas para uma nova etapa da compreensão humana de si, a uma conclusão. Quem quiser mudar de cidade, de casa, de emprego, de chefe e de qualquer coisa a mais, precisa mudar como pensa, sente e age, até que uma transformação surja do invisível para o espectro do visível, perante seus olhos e seu coração. O milagre.

Foi assim que o mundo, principalmente nas últimas três décadas, foi sendo invadido pelas técnicas mentais, emocionais e espirituais de transformação pessoal. Quanto mais as pessoas experimentavam novas possibilidades nos seus corações, mais contribuíam para o movimento global chamado holista, incluindo a medicina alternativa, com a exposição dos conceitos mais antigos e ocultos dos sábios e místicos de todas as culturas e latitudes.

Todos que fossem picados pela ideia de possibilidade infinita contida na teoria científica da matéria buscavam milagres e, como não sabiam exatamente onde estava o "seu" milagre, se jogavam em tudo e falavam de tudo.

Muitos entenderam que podiam se transformar, embora, no início, só desejassem que o mundo *fora de si* ficasse diferente. A maioria começa por aí. Pelas questões consideradas triviais.

- O que eu faço para esse homem sumir da minha vida?
- O que eu faço para esse problema se resolver sem deixar rastro?
- Eu fiz tudo como me ensinaram e parece que nada dá certo! Por que?
- Como ficar em paz? Não aguento mais o estresse.
- Por que não me deixam em paz?
- O que posso fazer para dar certo?

Eis como tem início a Viagem da Alma. Ela surge como processo consciente quando você tem dúvidas, faz perguntas e questiona o seu estado de ser. A chance de se transformar e modificar a sua visão aparece com força. Eis quando as técnicas mentais e espirituais de conscientização começam a ter sentido e ganham espaço no seu coração.

A Viagem da Alma aparece como perspectiva desejável quando a sua visão automática (habitual, usual e cômoda) não serve mais ao seu sentimento de vida nem corresponde a uma emoção que faça sentido.

Ao longo do livro, vamos "destrinchar" o impacto dos pensamentos na sua vida, mas é importante conhecer o assunto com o coração aberto. Só o coração grava e condensa as crenças. Quando você *acredita* que luta por algo ou por alguém, é o seu coração que está no comando. Quando você decide curar o coração, suas crenças antigas precisam morrer para que a criança divina venha à luz na sua consciência. Esse é o significado das imagens que mostram o Menino Jesus na altura do seio da sua Divina Mãe.

O coração é o centro das possibilidades e dos milagres. Sentir a experiência do milagre é curar o coração. Você pode não ver Deus, mas pode senti-LO.

O trabalho interior é infindável e equivale a uma viagem de volta ao centro de si mesmo. Quando você ora, reza, medita, movimenta os seus chakras, recita mantras, verbaliza decretos, emite pensamentos, recria emoções e recebe orientação de quem quer que seja, é o coração que conta.

Como posso começar aqui e agora a curar o meu pensamento?

Eis uma grande pergunta.

Você deseja conhecer seus sonhos e concretizar cada um deles? Conquiste a sua alma.

Quer sentir que conta com a vida e não com retalhos dela? Tome posse da sua alma.

Vamos seguir algumas etapas para facilitar o seu trabalho com um exercício prático.

ABRINDO O CORAÇÃO DA SUA ALMA

A música na alma pode
ser ouvida pelo universo
– Lao Dan.

Este exercício faz você tomar conhecimento do seu coração de maneira tátil, física e emocional. O seu coração é o portal de abertura para a sua alma.

Você começa colocando as mãos na área do seu coração físico, com o sentimento do seu coração amoroso. Você vai instaurar um diálogo com a esfera emocional do seu coração.

1- Comece indagando como o seu coração se sente. Qual o tipo de sensação que o envolve. É de paz? É de inquietude? Dê um tempo para sentir. Não se sinta aflito para fazer logo o exercício, como se temesse o próprio toque no seu coração. O temor é a reação natural até se acostumar com a ternura do gesto.

2- É isso que você deseja para si mesmo? Pergunte claramente: O que eu estou sentindo? Percebo uma sensação de peso no peito?

3- Faça uma leve massagem com a palma das mãos sobre o centro do seu peito, deixando que seus sentidos percebam claramente o contato.

4- Conscientize a sua mente de que o seu coração começa a ser um foco na sua atenção de maneira clara. Diga isso em voz alta e acrescente frases como:

- Sinto o meu coração bater e ressoar.
- Eu sou capaz de dialogar com o meu coração como se dialogasse com a fonte do meu bem maior.
- O Cristo Interior ou o Ser Superior abençoa as batidas do meu coração.
- Eu me disponho a ouvir as suas necessidades com maior propriedade de agora em diante.

5- Sinta o ritmo de sua respiração e, se puder, suspire profundamente, deixando o ar vibrar por todo o tórax.

6- Como se sente agora? Torne a indagar como ele se sente, com extrema gentileza. Não tente induzir o que a sua mente deseja que ele lhe diga. Ouça de verdade. Para não pensar outras coisas, simplesmente mantenha a sua atenção na sensação e no sentimento de amor que sente na mão e no gesto. Aguarde uns minutos, deslize pelo momento sem pressa alguma. Deixe que um sentimento de alma penetre o seu coração físico e as suas sensações. *Deixe-se invadir pelo sentimento.*

7- Observe atentamente como se sente. Retire a mão, feche os olhos e torne a indagar o que ele está sentindo. Em seguida pergunte a ele o que precisa fazer para que a sua alma fique cada vez mais visível ao olhar do seu coração. Indague com gentileza.

8- Assim que tiver alguma resposta, tente visualizar a mensagem recebida. Se a mensagem do contato lhe disser que deseja uma pausa no fim de semana, visualize-se dando uma pausa e diga à sua mente para gravar a imagem. Se por acaso tiver que decidir se irá fazer um curso, o seu coração responderá.

9- Desligue-se do estado de abstração direcionada e volte a perceber o ambiente à sua volta.

A maioria das pessoas acredita que a sua verdade não é reconhecida e benquista. Faça isso dentro de si, começando por uma simples massagem. Comece conhecendo-se pelo seu coração. Naquele momento, não há julgamentos ou avaliações a serem feitos. Você está somente tateando o sentimento de alta vibração que expande a sua consciência de Amor, simplicidade e verdade.

É importante observar o quanto as suas mãos vão ficando mais flexíveis e leves nos movimentos à medida que treinar esse ato de amor pela verdade que a sua alma amorosa encerra.

O exercício acima descrito é extremamente poderoso para acordar o seu coração sutil e contatar sentimentos superiores que lhe trarão respostas de saúde, de trabalho, de ação e de desenvolvimento.

Depois de algumas semanas, você se sentirá cada vez mais confortável em contatar o seu coração secreto, aquele que lhe conhece como ninguém no mundo e que pode amá-lo como jamais imaginou.

Tocar o seu coração com as mãos, com a atenção (mente) e com a consciência é focar a sua alma para andar de mãos dadas com ela.

Capítulo quatro

Treinar a alma resolve problemas!

Pode parecer que a maior parte dos problemas não tem a ver com a alma, mas tem. Por exemplo, qual é a maior reclamação das pessoas em relação ao amor?

"Ele não me ama como eu sou, está sempre reclamando e exigindo que eu seja diferente" ou "ninguém me conhece de verdade".

Isso e tudo o mais tem a ver com a sua alma e com a longa viagem que ela empreende pelo Universo. Cada ato, palavra, escolha, sensação e pensamento mantém a sua alma num ritmo vibratório interessante e promissor ou não.

Ninguém pode fazer uma boa viagem sem um guia, seja ele um agente de turismo ou o orientador do balcão do aeroporto ou um site na internet. Quanto à viagem da alma, somente o coração consciente pode trazer as orientações mais preciosas e os guias inesperados que passam pelo Jesus dos cristãos, ao Thot dos egípcios, ao Adonai dos judeus, à Grande Mãe dos celtas e assim por diante. É nessa esfera que você pode encontrar a sabedoria de santos antigos, deuses ainda mais antigos e de seres interdimensionais.

É por isso que os grandes mestres buscaram inspirar o amor nos que encontravam. Tornar-se discípulo do coração pode ser a sua escolha consciente.

Para os que acharem que tudo isso pode ficar num âmbito distante das necessidades diárias de ganhar a vida, de resolver problemas bancários ou passar numa entrevista de trabalho, eu posso garantir que é o contrário.

Todos os métodos que levem à conscientização da energia do coração também produzem realizações extraordinárias em qualquer atividade e questão do dia a dia.

Durante muitos anos, os bancos pareciam ter uma energia que não sintonizava comigo. A tensão aparecia cada vez que eu precisava ir até lá ou indagar algo a gerentes ou responsáveis. Mesmo quando era uma executiva e empresária na Itália, eu me deparava com este problema. Lembro-me de que, no início, durante as reuniões com os diretores de instituições do crédito bancário italiano, eu vivia olhando pela porta para ver se alguém entrava trazendo um café ou água, como se isso pudesse aliviar a tensão que sentia.

Anos depois, quando já estava processando "cardiologicamente" métodos de pacificação da mente e de contato com a energia do coração, tudo se modificou. Passei a ser guiada para saber quem contatar nos bancos, como investir sem pensar em como o mercado estava se comportando ou o que os jornais diziam.

O resultado dessa orientação do coração?

Extraordinário.

Um dia reencontrei por acaso um amigo de velha data que era um dos sócios de um banco de investimentos e perguntei a ele se as decisões que eu havia tomado estavam corretas.

Ele me olhou surpreso e riu.

– Eu não teria feito melhor, considerando os acontecimentos mundiais nos últimos meses! Se me permitir, eu vou usar a mesma proporção na distribuição das escolhas que você fez.

– Claro – respondi, sentindo a alegria de ter tido a coragem de seguir o meu coração.

Isso se repetiu e se repete em todas as circunstâncias, desde o momento de viajar, com a companhia aérea, a hora de sair de casa, o modo de eu atender os pacientes e responder às perguntas nos seminários, até, e não último, os métodos espirituais que necessito acionar para fazer eventos virem à tona ou soltar padrões emocionais que bloqueiem realizações que deveriam fazer parte da minha Viagem.

A cada dia que passa, o treinamento fica mais claro porque meu coração me guia. Não estou dizendo que é fácil, estou dizendo que é simples. E não é pouca coisa, considerando a dificuldade que parece paralisar a maior parte das pessoas hoje em dia.

É como se a cada momento eu desse à luz minha própria vida. Então, sinto-me consciente de que minha alma está em plena viagem. Eu tenho certeza de que estou no caminho do coração.

No entanto, a primeira grande etapa para que a alma faça uma boa viagem é entender a força mental e como direcionar tal força na sua vida diária. Vamos ver a evolução do homem em relação ao seu pensamento e o que está por vir.

Capítulo cinco

A arte de pensar.

Com riso pleno de significado, o venerável Brahma
produziu a multidão de músicos e dançarinos a partir
da própria beleza, a qual parecia extrair prazer de si mesma
– diálogo de Maitreya e Vidura no
Bhagavatam, canto 3, verso 38.

Você cria sua vida com aquilo que pensa. Ninguém gosta de ouvir isto, principalmente quando está atravessando uma crise. Mas é a verdade.

Não adianta se rebelar como eu mesma fiz anos atrás.

Imagine se eu criaria toda essa confusão que estou vivendo, pensei muitas vezes.

O problema é que a ideia de que eu criava minha realidade ficou martelando em meu coração por muito tempo até que tive coragem de começar a observar as pessoas ao meu redor.

Comecei a notar que, quando pessoas se reúnem, independente do lugar ou de sua raça, tentam provar aos demais como são capazes de grandes feitos. Elas disputam o quão doentes estiveram ou estão, quantos exames de saúde se submetem, quantas provas superam na vida ou no trabalho, mas, e principalmente, desejam reconhecimento pela maneira como elas sabem viver suas vidas. Elas quase brigam para conseguir isso.

A grande maioria dos seres humanos sente uma grande ânsia por isto mais do que por qualquer outra coisa na vida.

Carla era uma dessas pessoas. Onde quer que fosse, estava disputando uma vaga numa competição que pertencia à sua imaginação, mas que encontrava eco nos seus amigos o tempo todo.

– Você acha que teve uma semana horrível, porque não sabe como a *minha* semana foi! Nem consigo dormir! Se não fosse por minha alta capacidade profissional, não conseguiria nem trabalhar. Você sabe como sou responsável e como aguento tudo.

Carla não estava comentando, para refletir com seus amigos, sobre uma solução para o problema, assim como eles também não faziam isso. Eles queriam simplesmente que os outros os aplaudissem como os protagonistas supremos de suas vidas.

A minha observação durou meses e ela me fez refletir com mais cuidado sobre a história de que nós criamos os eventos da nossa vida. Não só tal ideia não me pareceu mais estapafúrdia, mas a do livre-arbítrio ganhou aspectos inusitados em meu coração.

Durante meses a fio, indaguei a cada pessoa que encontrei, se eles mudariam completamente suas vidas. Eles respondiam que mudariam de casa, de país ou de corpo, uma coisa ou outra. Mas eu insistia.

– Não quero saber se você mudaria uma coisa ou outra. Quero saber se você trocaria de vida totalmente, completamente com alguém.

A resposta – invariavelmente – era não. Nem pensariam em tal hipótese.

A conclusão era clara. Cada um de nós escolhe realmente a própria vida e, apesar das dificuldades, ninguém a trocaria.

O passo seguinte foi me olhar no espelho e fazer a mesma pergunta a mim, o que é mais difícil.

– E você, trocaria suas lutas, desafios e características por outra vida?

Refleti por uns instantes, mantendo a minha imagem no espelho.

– Não, eu não trocaria de maneira nenhuma! – respondi enfática.

Daí em diante, o processo de me aterrar em um nível mais profundo de minha vida foi muito mais fácil. Eu estava reescolhendo a minha estória de vida. Abracei conscientemente a minha vida.

O passo seguinte, foi dizer a mim, que se eu não queria outra vida, o melhor era viver esta de maneira mais realizadora. Alegre. Coincidente. Sem tanto drama. E foi o que fiz desde então.

As pessoas ao meu redor pensavam que, por eu ter alguns dons incomuns, estava a salvo de dramas e incertezas. Nada mais enganador. Não há dons que o salvem das angústias de ser você mesmo e de ter que cuidar dos seus pensamentos com propriedade.

Talvez você acredite que, se fosse mais talentoso ou famoso, evitaria esse esforço. Não é real. Basta olhar atletas famosos e talentosos cheios de dramas pessoais indescritíveis.

Todos nós temos que aprimorar nossa capacidade de concentração mental como se subíssemos uma longa escada. O importante é começar a subir, é conscientizar-se de que existem tais degraus disponíveis à nossa alma.

Eu vejo o pensar como o aspecto de imagem e semelhança com o Supremo, tenha o nome que lhe derem.

Você pode extrair do seu próprio pensamento o pensar-criador-supremo para se conectar com a força de Brahma, por exemplo, que mostrou ser possível produzir dançarinos capazes de gerarem beleza a partir da sua beleza. O ser que cria a partir de si mesmo. O Gênesis fala de como o Senhor da vida criou a vida na terra e na água a partir do seu som.

Eis por que considero o pensar – que é o ato gerador da palavra, ou seja, a manifestação – uma arte, pois codifica o que você deseja exprimir, criar ou gerar no seu mundo. Os pensamentos influenciam o ambiente, o bem-estar do seu corpo e acomodam o seu espírito.

Eu sempre imagino o pensamento como veículo de comunicação das experiências, o que não é pouca coisa. Pouca gente tem consciência de que o primeiro ato de comunicação acontece com o pensamento.

Na esfera mental, a base da pirâmide para o desenvolvimento da alma está em conhecer, educar, dirigir e guiar. Sondar os próprios pensamentos é como conhecer os ângulos de uma casa que – provavelmente – terá por milênios!

Após tomar conhecimento de como funcionam as leis – a dinâmica do pensamento – e conhecer o que você pensa, pode passar a educar o pensamento. É inevitável que, em seguida, sua alma possa guiá-lo como a um cego temporário que finalmente torna a ver.

O passo sucessivo inevitável será o de conhecer o que sente para apropriar-se deste elemento fundamental, a fim de que a alma se realize. Nessa etapa está o encontro com crenças, fé, paixão, amor, desespero, raiva, vingança e medo. Até que a alma possa encontrar o sentimento de amor.

A dinâmica de materializar situações é a seguinte: o pensamento codifica e o sentimento manifesta o que foi codificado. Pensamento e sentimento tornam-se indissolúveis durante a viagem da alma. A ponte entre eles? A emoção direcionada. Para o bem ou para o mal!

Eles são os músicos e os dançarinos da existência. A música dá o ritmo e a dança preenche o espaço do som. O pensamento dá o ritmo que você escolhe dançar! Ou o ritmo que deseja ouvir.

Você já ouviu falar que os pensamentos podem projetar na sua realidade eventos e conquistas. Pode, é verdade, mas sem sentimento nada acontece.

A conexão entre você e o ser não acontece pelo pensamento racional, mas pelo sentimento de amor. O seu entusiasmo ao sentir a música dos céus no seu peito facilita elevar a qualidade do seu pensar.

Lembre-se disso em cada passo que fizer sobre os Rastros de Deus. Encaixar as suas marcas nas Dele é se encontrar sem sombras.

O encaixe perfeito.

Capítulo seis

Pensamento: a base da pirâmide da vida.

Há muito tempo, o homem usava o raciocínio para caçar, comunicar-se com o seu grupo e rezar. O mundo era hostil e a sobrevivência ocupava o seu pensamento.

O homem raciocinava como os animais para conseguir driblá-los e caçá-los. Ele também sentiu a necessidade, desde os primórdios, de contatar um pensamento maior do que o seu, um pensamento que o levasse para além de si mesmo, um pensamento que hoje chamamos de Deus.

O homem sempre intuiu a força de conexão contida no pensamento.

Ao longo dos milênios, em todas as culturas a raça humana desenvolveu escritas em forma de desenhos, hieróglifos e objetos de culto que expressassem o seu raciocínio. A seguir, ciências como a filosofia e a teologia codificariam elementos sublimes do pensamento humano na sua relação com o mundo superior.

O homem sempre desejou alcançar um mundo encantado que dissolvesse suas dores e suas angústias.

O mundo dos pensamentos era um mistério que ainda não havia sido desvendado pela maioria. O homem raciocinava o tempo todo, mas não percebia, de maneira clara, o valor do pensamento.

Ainda hoje isso acontece com muita gente na maior parte do tempo de suas vidas.

Muito tempo atrás, o ato de pensar como o poder de moldar realidades era como Deus, algo distante, incompreensível e ao mesmo tempo tão natural que não merecia ser incorporado como valor. Era algo que se fazia e nada mais.

O que contava eram as mãos mais do que a cabeça, as mãos que traziam o alimento à boca.

O tempo passou e um número um pouco maior de pessoas aprendeu a ler, escrever, usar o pensamento para analisar e conhecer tudo à sua volta; alguns poucos codificaram por escrito que o raciocínio servia para enriquecer a vida interior.

Mais tempo se passou e outros usaram o raciocínio para analisar emoções. Outras ciências foram criadas e o número de seres humanos que liam, estudavam e escreviam aumentou.

Hoje, começamos a entender a dinâmica da arte de pensar, quando antes tal conhecimento permanecia restrito a uma pequena porção da população.

Uma grande quantidade de pessoas percebe que ao pensar emite uma força criadora que pode servir, destruir, construir, manter saudáveis, prósperos e até capazes de superar limites e de provocar milagres. O que ainda falta assimilar é que ignorar essa dinâmica faz com que os indivíduos criem o que não querem, tornem-se manipuláveis por instintos e por outras pessoas.

É fundamental incorporar a ideia de que cada vez mais aprendemos uns com os outros, para o bem ou para o mal, e isto significa que a carga energética incluída no ato de pensar aumentou. Mais comunicação, mais influência recíproca.

O que isto significa em termos energéticos?

O significado é enorme e fundamental para você compreender o poder que têm os pensamentos que você gera, emite e recebe. A sua mente e o seu corpo têm uma função principal que é a de receber, manter em memória e transmitir informações. Uma parte dessas informações provém dos pensamentos que codificaram emoções, lembranças antigas que surgem da esfera misteriosa do inconsciente, principalmente do inconsciente coletivo.

O inconsciente coletivo contém em magnitude e profundidade tudo que todos os seres humanos já viveram, experimentaram e pensaram. É como uma rede da internet muito mais vasta! Energeticamente o inconsciente coletivo está sempre em contato com esse reservatório-biblioteca de vibrações energéticas.

Usando imagens, pode-se conceber uma bolha inflável e elástica que vai absorvendo todos os pensamentos humanos e gerando correspondências fenomenais.

Tal bolha tem a capacidade de atingir energeticamente cada e todo humano no planeta e em diferentes dimensões cósmicas. Quando você ouvir falar de Shambala, paraíso, inferno, medo, trevas, cores, proteção, destino, força, carro, enfim, qualquer coisa, você receberá da bolha, informações, e colocará nela as que você ativar por conta própria ou por contato com alguém que interaja com você.

Antigamente, quando alguém pensava em estar deprimido, tinha pouca companhia, hoje tem *muito* mais, por exemplo. A bolha com a ideia "depressão" cresceu exponencialmente. Todos os tipos de pensamentos cresceram muito, assim, nos dias atuais, quando alguém pensa descuidadamente, os efeitos de seus pensamentos voam e ganham uma consistência com rapidez inimaginável anos atrás.

Como é que isso ocorre se eu não quero? talvez seja a sua pergunta.

Anita não deseja ter pensamentos de angústia e, no entanto, a angústia cresce nela.

Vamos ver o que acontece quando Anita pensa. Ou quando você pensa.

Anita – ou você – pensa que deseja uma casa. Na mente da pessoa surge a imagem de uma casa. Esse pensamento toma a forma de uma partícula elétrica e viaja pelo universo a uma grande velocidade, sendo que mais dia menos dia tal partícula irá voltar para o campo de energia de Anita – ou sua – mesmo que ela não saiba.

Anita acredita que, se ela não souber de algo, aquele algo não vai acontecer com ela; assim, se ela não souber que um pensamento volta sempre para quem o pensou, ela estará livre de todas as barbaridades que pensa de sua mãe controladora, de seu marido possessivo, de seu chefe incompetente e de sua amiga faladeira e, principalmente, de tudo que "fala" mentalmente de si mesma o tempo todo.

Anita também não sabe que pensa as mesmas coisas – exatamente as mesmas coisas – todos os dias anos a fio, quando não décadas a fio! Como se não bastasse para criar uma imensa bolha pessoal, ela faz isso 70% do tempo, ou mais. Isto é, Anita se dedica ativamente a mandar para o inconsciente coletivo uma seleção negativa de pensamentos repetitivos que ganham força a cada passo, a cada dia e a cada etapa da sua vida.

Recapitulando, Anita envia para o universo um pensamento de casa, que poderia ser de crítica, de amor, de agradecimento, de dúvida e assim por diante, e ele começa a viajar com velocidade até voltar para ela. Mas o que faz esse pensamento?

Crie uma imagem de uma bolha transparente suspensa no ar como se fosse uma nuvem ou aquelas formações típicas das estórias em quadrinhos, os balões, dentro das quais os autores escrevem as frases e as falas dos personagens.

Anita "fala" na sua mente ou com a sua boca e eis que se preenche uma nuvenzinha ou bolha de conteúdo.

O conteúdo que Anita criou é uma nova criatura, ela é viva! O conteúdo colocado naquela nuvenzinha é uma criação à imagem e semelhança de Deus. Foi assim que o homem foi criado, assim como Anita, lembram-se? No início, era o Verbo e Deus criou o homem à sua imagem e semelhança.

Nada do que for criado poderá simplesmente ficar inerte. Vida busca vida. Anita criou um pensamento de "casa" e tal pensamento passa a ter vida própria e irá buscar o básico de toda a existência: sobrevivência. O pensamento "casa" vai precisar de alimento para a sua sobrevivência e buscará exatamente isso.

No meio tempo, Anita pensa em outra coisa e nem imagina que aquele pensamento quer sobreviver de todo jeito, mesmo que ela não pense nele o tempo todo.

Aquela nuvenzinha sai em busca de pensamentos afins para alimentar a sua existência e, quando volta para Anita, no dia seguinte ou nas horas seguintes, aquela "casa" que era somente um contorno externo de linhas retas já está com janelas e portas, maçanetas e dobradiças!

Anita, que passa 70% do seu tempo pensando as mesmas coisas, volta a pensar o pensamento "casa", e eis que a nuvenzinha reparte levando na sua imagem lustres internos e alguns sofás. Novamente o pensamento atravessa o universo e torna a buscar elementos afins para alimentar sua existência.

É nessa hora que a bolha do inconsciente coletivo ganha importância fundamental. A bolha contém tudo o que o ser humano normalmente pensa há milênios!

É assim que Anita consegue uma casa de maneira mais rápida do que jamais imaginou e sem saber o por quê!

O problema começa quando Anita ficou pensando numa casa suja ao criticar a própria casa, ou numa casa cheia de problemas estruturais ou de vizinhança. É. Um problema. A sua criatura irá buscar os afins com tais qualidades e, se ela pensar com intensidade apaixonada, o problema vai ser ainda maior.

É assim que a maior parte das pessoas se torna mestre em conseguir o que acha que não quer!

Capítulo sete

Rito das Sete Leis, um programa mental de sucesso e bem-estar.

- Você é um mestre de conseguir o que acha que não quer?

Toda vez que perguntei isso a alguém não houve exceções para a reação. Incredulidade. Parecia coisa do outro mundo. Não é. Isso é coisa desse mundo e até podemos acreditar ao observarmos com verdade e atenção.

Heitor entrou no consultório com ar deprimido e respiração curta. Era o espelho da ansiedade.

– Preciso de energia, e entender o que está acontecendo comigo. Devo estar pensando algo errado, porque no mesmo mês fui roubado em casa e na empresa, além de terem levado meu carro também!

– Vamos ver, Heitor, há quanto tempo você pensa em ser roubado e no que acha que pode ser roubado?

– Sempre penso que posso ser roubado no sentimento e no dinheiro, aliás, há anos estudo todos os tipos de alarmes contra ladrões e como toneladas de alimentos para criar essa gordura e me proteger dos ladrões de afetos!

Ele estava feliz consigo por poder entender o jogo dos espelhos que acontece na vida, ou seja, você enxerga no espelho o que se desprende da sua imagem, de dentro de si.

Heitor era um aluno aplicado de muitos seminários e havia feito progresso na capacidade de se conhecer e de conhecer elementos que constituem a natureza humana. Para se conhecer realmente, você precisa saber algo sobre a própria natureza.

A natureza humana é composta de corpo, mente e consciência. Conhecer as leis e as características de funcionamento de cada aspecto é fundamental, ainda mais hoje, quando o impacto das influências globais, ou seja, do inconsciente coletivo visível e invisível, ganha consistência a cada dia.

Eu havia ensinado a Heitor o *Rito das Sete Leis*, por meio do qual você deixa de lado o que o transforma em Mestre em conseguir o que acha que não quer.

O Rito das Sete Leis é um roteiro para desvendar a verdade e as possibilidades em situações conflituais, de fracasso, de impasse e de dificuldade. Principalmente, é o grande instrumento para deter você de ser um mestre de conseguir o que não quer. Ou pelo menos você *acha* que não quer! Como Heitor.

Ainda me lembro de como ele reagiu com estupor no seu primeiro encontro comigo ao perceber que buscava com afinco exatamente isso, conseguir o que achava que não queria.

Superficialmente, todos acreditam que desejam saúde, prosperidade, amizade, amor, relações estáveis e sem conflito para a sua vida, para em seguida constatar que conquistam situações insustentáveis.

Perante qualquer problema que estiver enfrentando, você pode usar o Rito das Sete Leis e elas o ajudam porque são matematicamente incontestáveis. Você as aplica em cada situação e resolve verdadeiros enigmas que parecem sem solução. Eles significam a esperança aplicada e se revertem em respostas para melhorar a sua vida.

Heitor havia aprendido que existe uma lei:

1. Lei da Pedra – *pedra que jogas, pedra que encontras!*

Portanto, ele sabia que havia pensado em ser roubado para conseguir ser roubado exteriormente. A Lei da Pedra é a base da pirâmide dos acontecimentos porque ela traduz uma realidade de justiça. Ela traduz a solidez da Criação da qual faz parte o homem e toda a esfera da sua existência.

Quando você tem consciência da Lei da Pedra, inevitavelmente não fica tão surpreso em desejar acionar a segunda lei.

2. Lei do Novo Compromisso – *intenção que geras, milagres que surgem!*

Se ele veio a uma terapia porque intuiu ou percebeu uma experiência criada de maneira inapropriada ao seu nível de energia atual, já estava ativando essa lei na sua vida e na sua consciência. Essa lei serve para que você demonstre a si mesmo que se propõe a um novo compromisso com toda a sua alma. Você se conscientiza de que *intenção* está atrelada ao tipo de *compromisso* que deixa sua alma escolher.

Heitor também conhecia a terceira lei.

3. Lei do Espelho – *imagem na frente, crença de dentro!*

O que vive na sua mente e no seu coração compõe crenças-imagens interiores que se materializam na realidade externa denominada Espelho. Eis porque Heitor sabia que os roubos eram frutos de alguma crença interior antiga que estava se materializando na vida dele naquele momento.

No entanto, Heitor ainda estava tateando a lei seguinte. Para ele, amar-se era se odiar. Ainda era a melhor maneira que encontrara para se relacionar consigo. Ele se dedicava com consideração constante ao quanto desgostava de si; ainda não conhecia verdadeiramente a quarta lei do Rito das Sete Leis.

4. Lei do Amor – *no que sentes em seu pensamento, achas em seu destino!*

Quando você é sincero em penetrar seu próprio pensamento, o amor ganha novas chances de penetração. A Lei do amor lhe pede que faça o Amor entrar de propósito no que está pensando. E de verdade. Nada dessa coisa "para inglês ver", velho ditado que indica alguém que faz algo só na aparência, para parecer elegante e impecável.

Assim, no primeiro estágio da Lei do Amor, você vê com que tipo de sentimento está pensando; a seguir, se estimula a ver com amor algum ângulo da situação para – finalmente – perceber o amor latente na situação. Quando você quer aprender com a alma, o amor aparece em tudo, todos e qualquer lugar. É necessário querer encontrar o amor e ele surgirá das cinzas dos seus pensamentos mais absurdos.

A Lei do Amor diz que qualquer coisa que você faça está imbuída de amor, quer você queira ou não, quer você saiba ou não. Toda e qualquer coisa que faça, diga e atue.

Heitor, antecipadamente, pensava em ladrões, roubos ou se sentia roubado toda vez que estacionava o carro ou viajava à noite, assim, o universo o cobriu de amor realizando seus pensamentos. A realidade externa respondeu ao que Heitor sentia nos seus pensamentos. Acreditar é sentir.

O universo responde ao que você acredita e pensa, ele o cobre de amor materializando seus sonhos mais secretos, sejam eles bons ou maus. O universo não julga, ele doa o que *você* pensa ou *já* pensou com força ou constância.

A quinta lei é extraordinária, ainda mais para o mundo exterior que dá importância a coisas sofisticadas e tecnologias requintadas.

5. Lei da Simplicidade – *nada há de julgar o universo enquanto crias.*

Tudo o que você pensar em seu coração torna-se ativo independente das atribuições de bem e mal. A Lei da Simplicidade garante o seu direito de fazer o bem e o mal, de que a sua criação é lei. Nada mais. No entanto, Heitor sabia que, quando a Lei da Simplicidade se amplia na Lei da Pedra, problemas podem aparecer.

Heitor viera para que eu o ajudasse a aplicar a sexta e a sétima leis, a Lei da Balança e a Lei da Superação Consciente.

6. Lei da Balança – *conheça o que pesas e pese para conhecer.*

Essa lei convida que você está consciente de que existe a possibilidade de um centro diferente do seu ponto de vista antigo, usual ou o que não está funcionando para você no momento. Ele ainda não estava convencido de que, quando pensamentos sem amor, surgem com insistência, eles ainda contêm amor! Paradoxo? Pois é. Segundo os homens, seria um paradoxo; segundo os sábios, é simplesmente a Lei da Simplicidade.

Nesse ponto o encontro comigo significava o centro buscado conscientemente. Heitor sabia que visualizar a figura de uma balança indicava à sua mente que algo fora pesado e a decisão tomada. O equilíbrio ia ser encontrado. A Balança era o emblema da busca de ser justo consigo e o estágio da experiência em que todos os fatos estavam nos pratos, conhecidos e observados.

Ninguém pode superar conscientemente algo que desconhece. A sabedoria só surge após o conhecimento. É necessário tomar conhecimento dos fatos (pedra), do desejo de mudar, da imagem resultante, do sentimento pensado profundamente, da verdade simples e a revisão do equilíbrio desejável para – finalmente – poder superar voluntariamente e com sucesso.

7. Lei da Superação Consciente – *superar a si mesmo é o lema da alma.*

Na maior parte das vezes, "pensar junto" com alguém se torna necessário para que isso ocorra. É o que acontece nas orações, nas rezas, nos consultórios e na intimidade do nosso coração quando encontramos um Mestre interior. Quanto mais verdadeiro você for em tal diálogo, mais possibilidades terá de conscientizar a sua alma.

Heitor estava ali, pronto para ativar a lei da Superação Consciente.

– Sei que sou responsável por atitudes mentais que atraíram ladrões para o meu mundo. Como posso evitar que isso aconteça novamente?

– Você se imagina como um acrílico transparente – digo eu.

Ele olhou para o próprio corpo que tinha um metro e noventa e três de altura e cerca de cento e cinquenta quilos de peso.

– Você está brincando? – indagou.

– Não, não estou brincando. Nos próximos dias, Preste atenção no que pensa e perceba se pensar em ser roubado. Caso aconteça novamente, você deve se imaginar imediatamente como uma entidade totalmente transparente.

Heitor foi embora sem grande convicção.

Na semana seguinte, voltou com um grande sorriso estampado no rosto e uma energia animada.

– Você não acredita o que aconteceu!

– Acredito, acredito. Se for algo relacionado a pensamentos eu acredito – respondi com sinceridade.

– Sábado passado voltei de uma feira de antiguidades e eu tinha o carro cheio de mercadorias caras. Parei na frente de casa e fui abrir o portão, quando quatro homens mal-encarados começaram a caminhar em minha direção. Eu não podia escapar e deixar o carro ali sem proteção, nem tinha tempo de entrar nele e fugir. Assim, decidi fazer o que combinamos e imaginar imediatamente que eu estava transparente. Foi muito forte. Qual não foi a minha surpresa ao ver que os quatro homens quase esbarraram em mim sem me ver. Fiquei parado um tempão, pois parecia que estava sonhando!

– O novo pensamento funcionou? – indaguei para fixar a Lei da Superação Consciente.

– Funcionou.

Alguns dias depois do fato ele voltou para continuar o processo de energização direcionada.

Alguns minutos depois de considerações gerais, ele disse:

– Agora que estou com esta energia tão boa, terei que ir àquela feira cuja energia é tão negativa!

Eu mal podia acreditar que a memória do ser humano fosse de tão curta duração.

– Quem lhe deu o direito de afirmar que algo seja negativo? Vamos trabalhar isso aplicando um pensamento extraordinário em relação à tal feira.

Heitor se foi e como sempre voltou dali a uma semana, e, novamente, com olhos brilhantes. Ele chegou a me levantar no ar pela alegria, deixando-me um tanto constrangida.

– Desta vez nem você pode imaginar o que aconteceu! – disse Heitor com ar maroto.

– Se depender da transformação de pensamentos, ninguém pode imaginar tudo o que pode acontecer – respondi alegremente.

Heitor respirou profundamente enquanto sentava e se preparava para contar.

– Lembra-se daquela feira da qual falamos na semana passada?

– "Aquela" feira? Lembro-me perfeitamente quantos pensamentos de amor enviamos a ela para compensá-la de pensamentos negativos – respondi.

– Pois é, "aquela" feira foi uma grande surpresa. Há anos que a frequento e nada acontecia. Domingo passado foi bem diferente. O papa do meu setor, a quem jamais conseguira ser apresentado, não só me foi apresentado, mas ainda me convidou para ser seu sócio!

Heitor balançava a cabeça como para dizer que ainda não acreditava no que acontecera e, principalmente, onde acontecera o milagre. No lugar que ele julgava ser um mal na sua vida.

Rimos juntos e ambos acionamos a *lei sem número*.

Lei da Gratidão, o selo divino da alma de fogo vivo.

Essa lei não tem um número e não pertence a uma sequência. É a lei sem número. Você pode aplicá-la antes da superação, ou antes de qualquer etapa, ou aplicá-la sozinha a cada momento de sua vida.

A Lei da Gratidão é um fogo purificador de pensamentos. Um fogo. Purificador.

Em cada transformação verdadeira, essa lei acaba sendo acionada, no início de maneira tímida e, com o passar do tempo, cada vez mais vigorosa. Quanto mais você a mantém no pensamento, mais você percebe com clareza quando a Lei da Pedra, a primeira lei, surge em seu dia a dia. A sua energia vai se habituando à vibração que lhe traz o pensamento de gratidão e logo percebe quando algo está em desacordo.

É um grande sistema para manter-se "acordado" e isso o manterá na rota para o sucesso de suas empreitadas, principalmente concernente à conquista da sua alma.

Capítulo oito

Os padrões existentes conduzem sua vida.

Um dos passos mais importantes para o seu sucesso em qualquer esfera da vida é se perguntar constantemente:

Aonde os padrões do meu pensamento estão me levando?

Avaliar com carinho os padrões de seus pensamentos facilita as correções de rota para os passos da sua alma.

Isto é fundamental caso você deseje liderar um departamento na empresa para a qual trabalha ou deseje viver uma esfera espiritual mais definida.

É no pensamento que tudo começa.

O pensamento é uma dimensão energética da Criação.

É uma corrente elétrica de conexão. Conexão de você com você mesmo, da Natureza Divina com o seu coração, da sua mente com outra e assim por diante.

Os sábios antigos diziam o que a ciência diz hoje, que a sua experiência no mundo é uma projeção da sua mente, é um espelho do seu interior e é a proposta de aprendizado da sua alma.

James Hillman, o colaborador de Jung por mais de vinte anos e que abandonou publicamente a psicanálise anos atrás, afirma que a alma tem um plano inexorável de aprimoramento. Concordo plenamente com tal expressão. Não é de se admirar que fosse próximo de Joseph Campbell, adepto da meditação, da compaixão e de lançar mitos como pontes para o bem, por meio das suas interpretações dos trajetos anímicos segundo muitos povos e muitas épocas.

Quão mais rapidamente se conscientizar de quais pensamentos e emoções usa para criar a sua realidade diária, de bem, mais chances você tem de sentir que sua vida é mais iluminada.

Vida iluminada é vida com cores mais vibrantes, clareza mental, humor esclarecido e sucesso em se comunicar com todos os seus níveis.

Você é dotado de dons como cada ser humano e eles só podem ser utilizados plenamente quando não há um excesso de bagagem atrapalhando a viagem. Os padrões de pensamentos determinam o peso dessa bagagem.

Os homens, no nível de massa, estão se conscientizando do poder infinito que existe na esfera do pensamento. A maioria ainda deseja aprender a usar pensamento positivo apenas para conseguir coisas e eventos. É claro que isso ainda não é a conquista mental típica do guerreiro da luz e do amor. No entanto, já é um primeiro passo em tal direção. A partir disso você pode escolher deixar que sua mente fique sempre lotada de qualquer coisa, influenciada por qualquer um e todos, ou estabelecer prioridades que educam a sua mente.

Educar a mente é como atravessar uma rua movimentada com duas ou mais crianças! Você vai ter que pegá-las pelas mãozinhas com firmeza e não desgrudar a sua atenção delas, do contrário, elas fogem para todo lado, sem ver os carros e motos que poderiam atropelá-las, porque não têm a mínima consciência do perigo que pode acabar com o riso em dois tempos.

Uma vez eu estava apresentando uma palestra em um congresso e uma senhora com jeito bonachão e benévolo tentou fazer perguntas, mas perdeu-se diversas vezes na angústia de quem começa a sentir a responsabilidade do ato de pensar.

Eu podia ver dentro dela o debate ansioso e sem solução aparente das perguntas que se acalcavam umas sobre as outras.

– Você quer saber se a sua vida pode ser um mar de rosas mesmo sem tomar consciência do que estou falando? – disse tentando ajudá-la.

– Exatamente – respondeu com alívio visível.

Olhei para ela com carinho, sentindo o desespero que a invadia, aquele desespero típico de quem está apavorado perante a simples ideia de uma transformação, pior, de ter que se modificar ou modificar como viveu até aquele momento.

Eu pude sentir nela o instante da "virada", aquele que define você dali em diante, que transforma o que era *potencial* em poder *ativo*.

A pessoa está ali, pronta para "acordar" por dentro e se ver com outros olhos. Aquela senhora na minha frente estava prestes ao salto e nós duas sabíamos disso. Ela se desesperava e eu a sustentava com a força de quem já passara por aquilo.

– Minha cara, eu só posso dizer sinceramente que ***não***!

– Não? Mas no meu trabalho eu lido com leis e isso nada tem a ver com o meu pensamento!

– É mesmo? Está vendo isso em minha mão? O que é?

– Um copo – respondeu ela.

– Pode ser um copo, mas não é só isso. O que mais pode ser?

O silêncio na sala tornou-se mais pesado, pois os presentes pressentiam o óbvio, mas ainda não atinavam com ele.

– Eu é que pergunto, porque nunca vi alguém dizer que um copo é mais do que um copo! – respondeu um dos presentes.

– Isso é um pensamento que se tornou um copo! – disse e continuei: – Assim como o código penal ou criminal é constituído de pensamentos, aliás, de grande emoção, antes de se tornar um código de lei. Isto já seria suficiente para se fazer uma cultura sobre a energia que existe no trabalho de um advogado, procurador, juiz etc. No entanto, agora e aqui o que interessa é saber se você deseja se apoderar mais da sua vida de maneira clara ou não. Se você deseja vivenciar experiências que combinem mais com o que você se conscientizou como possibilidade. Se você quer conhecer as leis com as quais a sua mente foi constituída para ser bem aproveitada. Se você quer se apropriar de quem realmente é ou não. Se você quer alcançar um estágio de confiança em você mesma porque se conhece. Isso é o reino dos pensamentos, essa é a escolha se quer priorizar algo que vem de dentro e que traduz o seu interior.

O silêncio tomou conta dela e o seu olhar se acalmou.

– Agora sei que posso confiar porque é algo que vem de mim mesma e para o bem – disse ela fazendo questão de se virar para a plateia como se assumisse um compromisso público de si para si mesma. Ela desejava testemunhas da nova compreensão. E ela a teve, pois todos entenderam e aplaudiram o passo que ela ousou dar. A ousadia maior é essa, a que vem de dentro para nos aventurarmos no renascimento.

Ela – como todos os seres humanos sobre a Terra – está cada vez mais consciente de que deve gerenciar a própria mente e que ninguém pode fazer isso em seu lugar. Todos estão percebendo que *ocupar* a mente é muito mais efetivo do que se preocupar.

Quando você se ocupa do aqui-agora, a força construtiva é muito mais poderosa, tornando-o um mestre em conseguir o que quer realmente, principalmente porque aprende mais rapidamente a individualizar o que é que quer.

Ocupar a própria mente *não é ação impune*. Há consequências.

As pessoas que só se preocupam com o futuro, com o destino que as espera ou com o que outras pessoas pensam, emitem energias extremamente negativas de seu pensamento e emoção, e geram um estado de apreensão interior que resulta em muitas doenças e tragédias.

Assim, quando Nanda chegou à noitinha pedindo para ser atendida com urgência e me expôs o seu problema, não fiquei nada surpresa. Nanda havia sido criada numa família que acreditava piamente que se preocupar era uma ocupação boa à qual se dedicam pessoas de coração. A sua família era maravilhosa em outros aspectos, mas a preocupação não era um deles.

Nanda sentou-se tensa e disse que havia discutido com violência pelo telefone com uma senhora da qual praticamente dependia o seu emprego.

– Pior do que perder a paciência com ela é o estado em que me encontro. Mil pensamentos me agitam. Preciso recuperar energia – disse Nanda, ciente de que a Lei da Pedra havia sido ativada e que a Lei do Novo Compromisso, assim como a Lei da Superação Consciente, requeria atenção.

Era hora de trabalhar a Lei do Espelho e buscar o que aquela senhora do outro lado do telefone havia provocado na lembrança de Nanda em relação a si mesma. Ninguém explode à toa. O que quer que Nanda vira na outra estava nela mesma, era o espelho, fosse uma tensão, insegurança ou um desamor.

Juntas nós fomos acalmando os seus pensamentos e ativando a compreensão da pessoa com a qual Nanda discutira. Com esta atitude, estávamos unindo as duas, reunindo-as com palavras de amor e compreensão. Pensamentos podem se transformar em bênçãos.

As palavras são pensamentos materializados em som e o som atravessa o éter e alcança qualquer distância e situação.

No dia seguinte – em decorrência de termos efetivamente transformado o pensamento de Nanda em relação à senhora com quem ela trabalhava –, esta tal senhora telefonou para Nanda assim que chegou ao seu escritório, falando com voz calma e raciocínio claro e tranquilo.

Nanda ficou estupefata perante o fato. Ela experimentou o milagre, ou seja, sentiu o efeito que a mudança de pensamento trouxe (rapidamente) para o seu dia. Além de salvar o seu emprego, é claro.

Desse dia em diante, Nanda tornou-se espontaneamente uma fã do trabalho interior com os seus pensamentos. É um trabalho constante e ininterrupto.

Quando vamos à escola, aprendemos a usar o pensamento de outros a maior parte do tempo. Agora a humanidade está tendo que aprender a usar o próprio pensamento de maneira mais sábia e eficaz.

Estou aprendendo a usar meus pensamentos de maneira eficaz.
Aceito aprimorar o uso de meu poder mental.

Desde que Einstein demonstrou numa fórmula que nós somos energia, foi ficando cada vez mais claro que há ligação entre a energia, o pensamento e a consciência. O pensamento, além da emoção, da qual nos ocuparemos em outra etapa, é o grande impulso de direção da própria energia.

É claro que existem obstáculos notáveis em lidar com algo que parecia ser invisível até pouco tempo atrás. O maior deles é a crença sutil de que somente o que é visível tem impacto material; outro, talvez ainda maior, é aprender e se imbuir do fato de que, apesar de invisível, ele é provido de instinto de preservação.

É vital habituar-se ao fato de que o copo surgiu de um pensamento invisível e que tentará sobreviver de todas as maneiras. Um pensamento manifestado, no caso, o do "copo". Um pensamento como "copo" não vai renunciar à sua existência facilmente. Isso vai ocorrer com tudo o que pensar.

Como habituar-se a essas ideias?

Insistindo, eis a resposta mais viável. Habituar-se depende da insistência de se treinar. Persistir. É como aprender a andar ou dirigir um carro. É necessário treinamento constante e atenção determinada.

Capítulo nove

Primeira lição sobre Energia.

Quando falamos de pensamentos, é inevitável falarmos de energia. As pessoas só se decidem a aprender ou ler sobre isto quando sentem falta de energia.

Muita gente fala, deseja e pede energia, mas não conhece nada sobre ela, a não ser quando sente na pele se recebeu energia positiva ou negativa.

A maioria também sabe que, quando você está com energia, tudo de bom pode acontecer, mas, se está sem energia, coisas começam a andar para trás ou se imobilizam. O Universo é um fluxo ininterrupto de energia. Ou você participa do fluxo ou se sente muito mal.

A primeira lição sobre o mundo da energia é saber que onde você coloca toda sua atenção, estará *toda* a sua energia.

A atenção é composta de muitos elementos, mas é a esfera mental do pensamento que ganha destaque. Quando o seu instinto de sobrevivência é ativado por algo ou alguém, a sua atenção fica mais alerta. Ou quando você se lembra de algo importante para o seu momento. O truque é ficar alerta sem necessitar de estímulos como o medo ou a adrenalina. Há muitas pessoas viciadas em adrenalina porque ela faz com que o estado de alerta dê forte sensação de estar vivo.

Portanto, o passo seguinte é habituar-se a ficar alerta por se tornar um grande observador de para onde está indo a sua atenção.

O importante é gravar na sua mente que toda a sua energia segue o seu pensamento.

Quando alguém para de pensar em algum assunto específico, a força vital do pensamento correspondente a ele diminui consideravelmente. Ao contrário, se você der atenção constante a um determinado pensamento, ele aumentará a sua força de ação e materialização.

O pensamento, positivo ou negativo, busca o caminho em outras mentes e consciências, tentando ser acolhido e prolongar assim a sua vida ou existência vibratória. Então, continua até que pensamentos como "guerra", "revolução" e "luta" alcancem dimensões gigantescas. Quando se fala de seres de luz que queimam *karma* humano, significa que eles queimam tais pensamentos nas crenças, pensamentos e emoções, reduzindo o impacto deles sobre os seres humanos.

Os pensamentos negativos são considerados, energeticamente falando, verdadeiros vampiros. Você pode ou não ser responsável pelos pensamentos que lhe apareçam, mas é responsável pelos atos que derivam da aplicação prática de tais ideias. Prestar atenção ao que pensa ajuda a evitar a sua contribuição no avolumar-se da energia perniciosa que pode influir até em seus atos.

Se nós nos lembrarmos de que as pessoas repetem voluntariamente os mesmos pensamentos todos os dias pelo menos 70% do tempo, podemos entender porque a energia delas despenca constantemente, facilitando os conflitos e as escolhas tempestivas e impulsivas que geram caos em suas vidas.

O resultado de tais repetições em termos energéticos é assustador ou milagroso. O pensamento é, sobretudo, uma vibração energética que influencia seu estado de saúde emocional, físico e espiritual, influencia as relações pessoais, escolares, profissionais e afetivas. Daí gerar o milagre ou não.

Um exemplo corriqueiro de repetição mental que traz uma vibração destruidora? Eis a seguir.

Alguns anos atrás, durante um Natal, a família que me convidara estava toda reunida. O almoço havia sido soberbo e o riso corria solto após a sobremesa. Homens e mulheres se dividiram em duas salas contíguas para conversar.

Eu ia de um lado a outro para ouvir o que diziam e observar porque homens e mulheres precisavam estar separados para conversar melhor.

As mulheres estavam conversando sobre receitas usadas para preparar o cardápio do almoço e os homens falavam inicialmente de futebol. Após duas idas e vindas minhas, notei como todos já estavam falando negatividades.

As mulheres criticavam artistas, e os homens, os treinadores de futebol, os presidentes de vários países e a roubalheira do mundo político.

Decidi me despedir quando um parente que participava da rodada e que sofria frequentemente de depressão quis saber o porquê de eu ir tão cedo. Desconversei, mas ele não desistiu até que lhe dissesse a verdade.

– Não posso silenciar quando vocês se agridem energeticamente e nem fazer escolhas por vocês, mas posso ir embora. Pensar mal e em grupo tem uma força formidável que chega a interromper qualquer ideal de progresso. Ao contrário, isso só gera possibilidades ruins.

– Como assim?

– Vocês estão falando mal de pessoas, denegrindo outras tantas sem economizar energia farta que a data, a comemoração, os alimentos e a alegria deram a todos. Quanto mais energia você está usufruindo, mais sentirá a queda depois. Nesse caso, o depois será o efeito do tipo de pensamentos que estão tendo e exprimindo, isto é, os piores.

– Você quer dizer que estamos gastando uma energia enorme de maneira dispersiva?

– É, e, sobretudo, estou dizendo que, em poucos dias, o efeito desses pensamentos vai voltar para cada um de vocês e cada um encontrará, durante a próxima semana, detratores no trabalho, críticas ferozes de conhecidos, coisas assim.

– O que semeias colherás? – indagou o parente.

– Exatamente. Além disso, a força da energia providenciará quedas de humor inexplicáveis à primeira vista.

– O que quer dizer?

Nessas alturas, muitos do grupo já estavam interessados na conversa e tive que ir em frente.

– Vou usar um exemplo para simplificar o que quero dizer. Muitos dizem que, se você ficar perto da natureza no fim de semana, você recarrega as baterias, recupera energia. Vamos supor que um de vocês resolve cortar a grama do jardim num lindo dia de sol e temperatura amena. Todavia, durante o exercício em meio à natureza, o indivíduo fica pensando na raiva que sente do chefe, ou que o concorrente merece uma lição que vingue alguma audácia recente, ou, ainda, que precisa descobrir como ir à desforra de alguma injustiça social, coisas assim.

– Todo mundo pensa assim nas horas vagas, não é novidade – disse um dos presentes.

– Então todo mundo acumula uma grande energia em meio à natureza, fazendo exercícios físicos para criar um grande desastre para si!

– Você está dizendo que quanto mais energia a gente tem, mais tem energia o que pensamos?

– Exatamente. Não só o pensamento tem mais energia, mas também isto vale para o efeito do pensamento. Se você pensa coisas boas enquanto corta a grama ou faz uma corrida, mais vai atrair coisas boas porque estava com muita energia no momento em que pensava.

– Mas se eu pensar horrores de mim, do meu corpo... – disse o parente com ar pensativo.

– Bem provável que acabe quebrando a perna – respondeu um dos convidados com ar brincalhão.

– Ou que fique mais deprimido porque deprimiu outras pessoas com os seus pensamentos. O pensamento age como intermediário da comunicação da sua alma com o mundo.

– E se eu pensar positivo assim que sair daqui? – indagou outro.

– Pode tentar, mas a sua energia terá caído tanto que será difícil conseguir inverter a tendência. De qualquer maneira é bom tentar. Vale a pena. Também é possível rever o diálogo do grupo e se visualizar falando com outro tom e de coisas boas. É um bom sistema de cancelar energias indesejáveis. Em todo caso, você pode afirmar – nas horas seguintes – frases como:

- Eu cancelo os pensamentos destrutivos emitidos e abraço outros cada vez mais bonitos.
- Deixo para trás os pensamentos críticos.
- Solto agora mil flores dentro de uma nuvem de estórias em quadrinhos que irá buscar todos os pensamentos das horas passadas, envolvendo-os no perfume do amor.
- Conscientizo que o primeiro passo é individualizar o pensamento desejável, o segundo é dirigir toda a minha atenção para ele e o terceiro é aplicar o Rito das Sete Leis a cada conflito ou desarmonia.

Capítulo dez

Pensamento é vibração energética.

O pensamento é vibração energética. Repita isso, quantas vezes forem necessárias, até o significado mais amplo de tal afirmação penetrá-lo para sempre. Até quando estiver numa situação difícil em que não sabe o que fazer, nem sabe o que pensar e nem consegue orar, pelo menos repita "o que eu penso gera uma vibração energética que vai e que volta".

O pensamento precede a palavra e, portanto, a ação do pensamento vai além do significado das palavras.

Quem deseja aprender sobre o mundo da energia e como manter a sua em ordem acaba esbarrando nessa constatação.

O pensamento vai além do significado das palavras. Para entender isso, dedique uns segundos para perceber a vibração da sua energia quando pensar algo. Por exemplo, quando pensa numa pessoa amável, tenha certeza de que um leve sorriso vai aparecer no seu rosto e no seu olhar, transmitindo uma vibração positiva ao seu campo energético.

Normalmente, as pessoas raciocinam em termos do mundo visível e, mesmo quando começam a perceber a força dos pensamentos, força invisível, elas não atinam como a influência dele toca tudo e todos.

O pensamento é uma das forças capazes de interferir com a terra sob seus pés, com o tempo em volta de você, nas pessoas com quem dorme, encontra, trata, trabalha e conversa pessoalmente ou a distância, ou seja, mentalmente. Tente ser o mais positivo possível.

A pergunta mais frequente que me fazem em qualquer latitude e em qualquer das atividades é o que se pode fazer para combater a energia negativa.

Quando eu morava na Europa (por ser brasileira de nascimento), era insistentemente procurada por pessoas que ansiavam por fórmulas que lidassem com as energias negativas. Os europeus sempre pensam que o Brasil "entende" dessas coisas e proteção é um pensamento muito poderoso. Se você achar que o negativo vem de fora, também vai buscar por proteção que venha de fora.

Uma vez entrei na casa de um alto executivo e me deparei com uma grande pirâmide de metal. Eu o olhei com surpresa e em silêncio.

– Sabe como é; melhor se proteger! – exclamou, encabulado.

Se as pessoas conhecessem de verdade o poder do pensamento, não se dariam ao trabalho de comprar pirâmides de proteção, porque elas ficariam cientes de que qualquer pessoa com um mínimo de poder pessoal, digo "mínimo" mesmo, poderia banalizar o poder protetor de qualquer objeto visível.

Coisas como a pirâmide de metal foram pensamentos antes de se tornarem objetos, portanto, é mais um pensamento que pode interferir com a ação de outro, no caso, o de visitas, o do dono da pirâmide e a emanação da pirâmide. Três elementos trocando informações.

A qualidade do seu pensamento é a sua melhor proteção. Ela atrairá bons Mestres visíveis e invisíveis em cuja esfera predominam os pensamentos que têm efeitos protetores, por exemplo. No início do treinamento, os bons pensamentos atrairão experiências que necessitarão de uma boa dose de positividade e isto só tenderá a aumentar.

A qualidade do pensamento determina a qualidade da energia de seu físico, sua emoção, sua alma, sua casa e seus relacionamentos. Você vive o que pensa.

É inegável que há pessoas que influenciam o nível da sua energia e ela vai para baixo. Como você pode evitar isso? Antes de mais nada, entenda por que você vive o que pensa. Consolide no seu interior a consciência de como o pensamento funciona e não se permita se esquecer dessa realidade.

Vamos imaginar uma bola que você joga contra uma cortina pesada, como aquelas que existem nos teatros. Você atira a bola e onde ela para? Ela cai e para logo abaixo da cortina, não é mesmo?

Agora, você atira a bola contra uma parede de tijolos e concreto. Para onde ela vai? É claro que ela volta para quem a jogou!

Com a energia acontece a mesma coisa. Alguém joga uma energia pesada para você ou para seu campo de energia. Caso este campo esteja pesado e mole, a negatividade permanece dentro do campo. Caso este campo esteja firme e integrado, a negatividade volta para quem a enviou. *Lei da pedra* em ação com força total.

Esta é a diferença entre um campo com qualidade de pensamento e emoção e outro sem qualidade. Atenção: não estou propondo se tornar duro de coração, mas firme em seu pensar.

Você não pode evitar que outras pessoas tentem interferir com a sua energia, mas a sua alma pode qualificar o seu campo de energia para que fique o mais intocável possível. Deixar de lado ou pelo menos ignorar a energia negativa que venha de fora de sua mente já é o primeiro passo para qualificar de maneira significativa a sua energia, fortalecendo-a e tornando-se a parede de tijolos e concreto da qual falamos antes.

Cuide constantemente do tipo de pensamentos que emite. Você é corresponsável por tudo o que acontece mundo afora, pelas influências que atrai e pelas que emite. Transformar o conteúdo da sua atenção é uma das mais fascinantes etapas da viagem da alma.

Quando você pensa "eu posso realizar esta obra com facilidade" – sinceramente –, gera uma direção e isto facilita realmente a ação de qualidade. Conscientize-se de que, ao atuar tal pensamento, você está dando atenção ao positivo que lhe serve naquele momento. A constatação reforça o tipo de pensamento e você o repete com mais convicção ainda. Os bons pensamentos atiçam a conscientização e vice-versa.

Quanto mais consciente me torno dos bons pensamentos, mais eles ganham força.

Quanto mais consciente me torno do sucesso da minha alma, mais ela ganha força.

Quando alguém pensa "eu não presto para nada", a mente e seus sentidos se comprometem com o pior e já se preparam para isso salivando, acelerando o ritmo cardíaco e paralisando seus movimentos. O medo causa esse pensamento e deriva desse pensamento. A sociedade de hoje está se dedicando com tanto afinco a esse tipo de pensamento, que a todo instante você e seus conhecidos falam em parar com tudo, abandonar tudo e todos e ficar imobilizado. A vida é fluxo!

Conscientize-se de que toda vez que ouvir falar da necessidade de estabilidade na vida, nada mais é do que o velho sonho de imobilidade se desenhando como perspectiva de vida. Saia dessa e recrie seus pensamentos e sua vida, a cada dia, segundo um fluxo energético dinâmico e divino. Viva o extraordinário desde os seus pensamentos.

Superar os pensamentos de desamor em relação a conhecidos é um dos grandes testes para aprimorar sua alma.

Quando você pensa "eu posso transformar o que penso a respeito dessa pessoa", a mente é conduzida a reformular o passado, cancelando uma postura antiga e assumindo uma nova.

Existem muitas técnicas de afirmar algo em voz alta para facilitar acontecimentos na direção desejada. É o pensamento falado, é a palavra.

O que é a palavra?

É o pensamento reforçado, estabelecido e confirmado. Quando você fala, você dá força, som, energia ao que pensa ou ao que o seu interlocutor pensa. Nesse caso, você não determina que um pensamento valha mais do que outro, ou seja, aquilo que você fala ou ouve com atenção é o que está sendo gerado para você e para o interlocutor. É uma lei matemática e automática. Você pensa e fala dando energia para algo ou alguém. Seja energia negativa ou positiva.

Falar é uma ação e as ações são pensamentos de GRANDE energia. Não depende mais de você o que acontece depois que falou. A energia gerada pelo pensamento e pela palavra ganha vida própria assim que foi emitida.

Você LIBERA uma grande energia ao falar. Você indicou um destino para a energia. Quer fale em Deus ou fofoque. Após ter falado, a sua intenção conta zero.

Este aspecto é bem sutil para a maior parte das pessoas.

Maria encontrou uma conhecida na rua e ficaram falando sobre o que vinha à cabeça delas, fosse do tempo ou da péssima administração da escola que os filhos frequentavam. Elas estavam usando a vontade para pensar sem direção construtiva.

De repente, uma terceira amiga se aproximou.

– Vocês estão fofocando novamente?

– Não é essa a intenção – respondeu Maria.

Maria, como muitas outras pessoas, acredita piamente que uma intenção maldosa significa pensar algo do tipo "agora eu vou conversar de maneira negativa de propósito".

Não é exatamente assim que funciona a matemática do universo. Tendo você intenção consciente ou inconsciente, o poder permanece intocável em cada pensamento e palavra, *afetando* o seu corpo, saúde, ambiente em que vive e o seu sucesso, seja ele qual for.

Por que um pensamento pode afetar o que você sente?

Porque o corpo humano tem três funções principais, que são de emitir, captar e manter informações, quer surjam dentro quer fora dele. As informações vêm do pensamento, da emoção e do nível espiritual.

Os sistemas nervoso e glandular são os responsáveis pela codificação ou decodificação da informação recebida ou relembrada.

Elas se transformam em química assim que o sistema nervoso as traduz. Traduzir informações quer dizer digerir conteúdos de crenças!

As informações são os dados contidos no pensamento e mesmo o simples fato de alguém recordar uma passagem da sua vida provoca reações do intestino, do estômago e do fígado.

A repetição insistente de pensamentos e comportamentos habitua os sistemas glandulares e nervosos a funcionarem de determinada maneira. Com o tempo, o corpo se sente mais confortável em ter as mesmas sensações, mesmo que sejam danosas e causadas por pensamentos indesejáveis. É exatamente por isso que pode parecer difícil modificar as posturas interiores.

Todo o organismo se renova no nível celular a cada dois meses. A cada dois meses todas as suas células são novas. Nunca me canso de sentir admiração por esse fato e o repito para mim mesma muitas vezes: "Meu corpo é um novo corpo a cada dois meses. Meus olhos, ossos, pele, estômago, pâncreas, unhas, dentes, cada detalhe contém células novinhas em folha a cada mês. Isso é maravilhoso!".

O problema é que, se não mudar o pensamento, o comportamento celular não se modifica e aí as doenças não cedem. As doenças surgem de um hábito de comportamento celular, o qual é determinado pelo seu modo de pensar.

Pensar negativamente engrossa o sangue. Pensar com doçura induz a produção de hormônios do bem-estar, como a serotonina.

Você pode emitir pensamentos de amor para você mesmo, para alguém ou para um assunto que atuarão com força na sua energia imediatamente. Os seus órgãos passam a funcionar melhor, sua mente fica mais clara e serena e sua energia se amplia em diferentes dimensões.

Quando um pensamento muito forte é enviado a outra pessoa, mesmo que exista uma longa distância entre o emissor do pensamento e o receptor, o pensamento atravessa o éter e alcança a meta.

Quando você pensa algo, gera reações, e elas podem ser de dois tipos:

1. O pensamento enviado se une aos de quem o recebeu integralmente. Isso acontece quandos na energia da pessoa-receptora há pensamentos parecidos com o recebido. Os

pensamentos de uma pessoa agem como ímãs para outros, que chegam de fora, e a vibração se torna tão forte que se manifesta na consciência e na mente de quem recebe.

2. O pensamento enviado não se insinua na mente--cérebro da pessoa receptora e volta ao emissor. Isso acontece quando não há pensamentos semelhantes, ou, pelo menos, não com valor tal de se tornar um ímã.

No mundo dos pensamentos que você pode captar de outros, o termo "insinuar" é um dos mais úteis. A insinuação é o tipo de energia que explica bem o que acontece quando você a recebe. O pensamento se insinua e sucessivamente você o aceita ou o afasta; aceita se o reconhece e afasta se lhe parece distante de suas crenças.

Pensamentos de ódio se manifestam em forma de flecha, segundo muitas culturas antigas, e só podem entrar no campo vital de pessoas que alimentam tais pensamentos.

Pensamentos de amor, de proteção e de luz, quando gerados com toda a alma, enviados a uma pessoa amada, são poderosíssimos. A sua irradiação é realmente protetora. Eles têm a forma de esfera verde.

A atividade cerebral produz ondas que se distribuem para todos os lados e direções, para dentro e para fora. É a mesma coisa com o ritmo respiratório e é o melhor dado que temos à disposição para entendermos o que fazemos com os pensamentos.

Você respira por meio da inspiração e expiração, não é mesmo?

Pois bem, o pensamento sai fisicamente do seu campo mediante o ritmo com o qual expira, e ele entra, caso venha do exterior, pelo ritmo com o qual inspira. Passe a notar de agora em diante que, em certas situações, você literalmente para de respirar, fica num estado de suspensão. Isso normalmente ocorre quando você está ouvindo algo surpreendente, pelo bem ou pelo mal, ou quando levou um choque.

Um choque acontece também quando você pensa algo aterrador ou magnífico. Hoje está provado por testes em laboratório que as funções fisiológicas são igualmente afetadas, quer a pessoa pense num assalto quer ela viva um assalto "de verdade".

A mente não distingue absolutamente uma coisa da outra e reage da mesma forma. Nesse caso, o seu corpo vai tomar um banho interno de adrenalina, quer saia de casa e encontre um ladrão, quer nem saia de casa e veja um filme com um ladrão terrível nele!

A mesma coisa acontece quando muitos amigos se encontram e ficam relembrando os grandes jogadores de futebol e suas façanhas. Aos poucos todos estão falando alto como se tivessem bebido, estão tomando adrenalina pura sem terem consciência disso. O sangue recebe o hormônio, acelera o ritmo cardíaco e as pulsações. Em poucos minutos, alguns dos amigos já são capazes de brigar feio para defender suas opiniões, porque o corpo está inundado com o hormônio do ataque e da fuga, o mesmo que os homens usam na guerra!

Esta imagem ajudará você a se recolher por um momento quando e se isso acontecer. O excesso de adrenalina sobrecarrega seu organismo e traz sensações de cansaço, abatimento e irritação.

Capítulo onze

A arte de agir com sucesso

Helena saiu da casa da irmã totalmente alterada após uma briga violenta. Carmem, a irmã de Helena, havia afirmado algo a propósito de uma disputa familiar antiga, colocando-se ao lado de um dos parentes ofendidos pelo comportamento de Antonio, o irmão de ambas.

Anos antes, um parente havia decidido usar o sítio da família como se fosse seu e Antonio rebelara-se, desencadeando um sistema de reação negativa em cadeia.

Antonio começou a conversar todos os dias com cada elemento da família a quem pertencia o sítio e com outros componentes da família. Ele sabia que minar a posição de um parente que vivia oferecendo churrascos constantes seria difícil. Por meses ele foi minando a confiança das pessoas por meio de pensamentos letais. O negativo estava plantado na mente de todos.

Carmem logo entendeu o jogo e não gostou. Ela tomou a decisão de ficar calada, mas foi ficando com raiva do irmão. Helena, ao contrário, queria a atenção de Antonio e deixou-se "contagiar" (influenciar) pelos pensamentos dele.

O pensamento global da família foi crescendo, até que Helena catalisou a força da energia gerada pelo pensamento de todos e explodiu em pleno domingo e no meio de um dos famosos churrascos que o parente organizava.

O clima foi de total consternação para todos os presentes, que saíram depauperados de energia, pois escolheram tomar partido, ou seja, reagir.

Helena recebeu o abraço do irmão, mas mesmo assim passou mal durante dias. Ganhar ou estar do lado "vencedor" não é suficiente para ter energia.

Ela sentia que estava tudo errado, mas julgava que o mal-estar dependia da "culpa" do parente e não porque ela participara do pensamento negativo aumentando seu poder sobre si e sobre os outros.

Agora, anos depois, Carmem também reagiu com a força do pensamento e da emoção, como se ainda estivessem no sítio, em meio a discussão, e disse tudo o que pensava; a sua irmã, Helena, sentiu-se agredida e reagiu com violência, dizendo que Carmem podia pensar o que quisesse, mas que sempre ficaria ao lado do irmão. Não deixou nem de acrescentar críticas ásperas à "traição" dela em relação ao irmão.

Enfim, anos depois, quando o sítio já estava vendido, o irmão Antonio já tinha se desligado totalmente da família por ter se casado em outro Estado, e o parente continuava a oferecer churrascos numa chácara que ele mesmo comprara, as irmãs ainda reagiam aos pensamentos da época brigando. O pensamento antigo ainda não queria morrer e elas o ajudavam, alimentando-o com a própria atenção, energia.

Helena, ao final da discussão, disse:

– Eu sou independente, ninguém manda em mim! Quem é você para me dizer o que eu deveria ter feito? Chega por hoje. Vou embora.

Carmem ficou parada e Helena saiu batendo a porta.

Ambas se sentiam muito mal.

Aprender com as situações é a única maneira de se sentir mais centrado em qualquer circunstância e poder deixar o passado para trás. No entanto, após tantos anos, qual a lição mental que aprenderam? Nenhuma.

Todos os envolvidos só escolheram tomar partido, o que equivale a uma das reações mais primitivas do ser humano, a de se defender ou atacar.

Elas não aprenderam, elas simplesmente reagiram.

O que é reagir?

Reagir é permanecer escravo das atitudes de outras pessoas, de seus pensamentos e emoções. Sejam bons ou ruins.

*

O monge estava cruzando a praça do vilarejo quando dois irmãos se aproximaram.

– Queira dar atenção ao nosso pedido, aliás, ao de nosso pai, o senhor local – disseram em uníssono categórico.

O monge continuou caminhando e eles o seguiram, pensando que se deteria mais adiante sob as árvores.

– O monge deve nos dar atenção. O nosso dilema está levando meu pai à loucura. Ele pede uma posição de justiça – disse o mais baixo.

– Por favor, pare um momento para ouvir nossa queixa. Meu irmão deseja o melhor quinhão dos campos só porque nasceu um minuto antes de mim – disse o mais alto.

O monge continuou impertérrito. Nem os olhava.

O diálogo dos gêmeos alterados continuou por muito tempo, até que perceberam que haviam retornado à mesma praça.

– Monge, por que continuamos a caminhar se não vamos a lugar algum?

– E eu estou começando a cansar de correr atrás de alguém não me ouve! – disse o outro.

O monge estancou repentinamente.

– Um bom modo de parar de jogar pensamentos inúteis sobre os outros, é se cansar de não ir a lugar algum ao dar voltas e mais voltas sem sentido. Repitam o trajeto por mais cinquenta vezes. Depois disso, se ainda precisarem de mim, estarei disponível.

Os dois sabiam que nada o demoveria da ideia. Afinal, era o conselheiro de seu pai.

Depois de cinquenta caminhadas exaustivas, ambos foram até o monge.

– Estou faminto – disse um deles.

– Eu também – respondeu o outro.

– Agora vocês estão prontos para digerir a resposta que lhes darei. Suas mentes estão mais vazias, assim como o estômago. Falem. Cada um deve me explicar nos detalhes cada pormenor de seus pensamentos.

Os irmãos o fitaram com exaustão.

– Nos detalhes? – indagaram.

– Sim, a menos que o assunto não tenha tanta importância. Nesse caso, podem tomar a sopa que lhes preparei.

Eles balançaram a cabeça com um grande sorriso.

Aceitaram imediatamente.

– Não há nada que o silêncio não possa iluminar.

– Que nada, nós nos cansamos tanto de andar que é melhor deixar cair o assunto.

– Não, vocês se cansaram de andar ao acaso, de gastar os mesmos pensamentos sem solução.

Ambos perceberam que o monge não teria servido de nada se os ouvisse antes. Eles continuariam sem se ouvir e nada seria possível.

*

A reação fixa *o padrão habitual.*
A ação possibilita *a transformação constante da alma.*

A reação é o elemento mais delicado de se lidar quando empreender a viagem da alma. Repetir e repetir as mesmas reações confere poder crescente aos hábitos, sejam bons ou maus.

Treinar a alma a cuidar das situações de maneira nova é agir.

A ação consciente, escolhida com critérios mentais novos, é a possibilidade de transformação do que você não gosta. Mesmo em relação ao passado.

Cada vez que estiver numa situação parecida com a de Carmem e Helena, você pode pensar:

A ação consciente possibilita transformações em minha alma!

Gritar que você é independente não o transforma automaticamente em alguém assim. Ser independente significa agir em compasso de amor, de pensamentos que renovam seu contato com experiências de qualidade após ter observado os jogos de pensamentos envolvidos na situação.

Vamos imaginar as Helenas raciocinando com maior independência, assim como as Carmens e os Antonios. Eles poderiam ter agido de maneira bem-intencionada e clara anos antes, renunciando a reações devastadoras.

Perceba quão cansado você pode estar de pensar o pior há anos, perceba quanta chance você tem para mudar isso. Repita frases como se estivesse caminhando léguas sem parar, até criar uma trilha na terra. Ao final da longa caminhada, a sua mente será obrigada a buscar outro alimento que não seja o negativo. O sucesso passa a ser possível.

A ação consciente da minha alma possibilita a transformação da presente situação.

Minha ação consciente transforma esta experiência em sucesso.

Minha ação consciente modifica meu estado de ser e libera o caminho de pedras.

Deixo de lado reações sem sentido.

Eu planejo a minha evolução com pensamentos positivos.

Se Helena e Carmem tivessem percebido que reagir ou tomar partido não as deixou mais independentes, mas as escravizou com emoções inúteis, teriam colaborado para solucionar o impasse sem conflitos.

Todos gastaram energia sem dar um salto de qualidade nas suas almas, no seu mundo familiar e no seu modo de atuar no mundo. Como se não bastasse, ainda receberam quotas extras de pensamentos semelhantes, aumentando a negatividade dos eventos das suas vidas.

Enfim, usaram a própria energia para repetir antigos padrões e nada mais.

Elas ainda não conheciam o instrumento básico de suas mentes e, portanto, não podiam apropriar-se de si mesmas. Os irmãos não haviam aprendido a pensar bem e com eficiência.

E você, o que quer aprender nas dificuldades atuais da sua vida? Quanto deseja pensar para gerar uma vibração energética acima da que tem agora?

Capítulo doze

O mundo das reações, reação "fixadora".

Qualquer tipo de aprendizado implica uma esfera do pensamento poderosíssima, chamada dedicação. Na viagem da alma, isso se torna fundamental.

Todo pensamento tem em volta de si uma esfera de energia que foi acumulada ao longo do tempo por todos os seres que habitaram o nosso planeta. Todo e qualquer ser humano com alguma qualidade energética já se dedicou em algum nível a alguma coisa. Pode ter-se dedicado a caçar, a orar, a construir, a administrar, a costurar, a bordar, a mumificar, a desenhar ou a pintar.

Toda dedicação inclui quotas importantes de amor. Todo pensamento torna-se poderosíssimo quando facilita a entrada do amor.

Abrir seu coração para os pensamentos conscientes é ativar uma força transformadora incancelável e de grande alcance. Você – definitivamente – não é somente um armazém de informações.

É importante ressaltar que a energia cresce ao longo do tempo da vida de uma pessoa segundo idade, cultura, discernimento e serenidade.

O pensamento tem um efeito cumulativo progressivo.

Quando você tem vinte anos, o poder mental é bem menor do que aos quarenta. Isto significa que, à medida que usa o seu poder mental, o seu efeito é cumulativo e eis quando a repetição pode causar milagres ou desastres maiores.

As pessoas tendem a pensar que a idade as enfraquece. Não é o que acontece energeticamente.

O hábito de se identificar com o corpo físico traz este tipo de mal entendido. A sua energia é muito mais do que o corpo físico pode expressar ou comunicar, assim também a intensidade mental. Ainda mais importante é se conscientizar de que a mente é que se exprime em detalhes no corpo físico e não o contrário.

É obvio que a capacidade mental ganha força na proporção em que você usa e treina a habilidade de se concentrar, desempenhando várias atividades ao longo do tempo.

Vale a pena lembrar que o seu pensamento adquire maior consistência e valor energético quando o seu físico está em ordem e o seu intelecto se ocupa de leituras constantes, medita, estuda, trabalha, aprende. Cada ato construtivo seu contribui para o valor energético de seu campo vibratório. Quanto mais pensar em paz, mais paz terá; quanto mais pensar em metas a serem atingidas mais elas se concretizarão, e assim por diante.

Você pode perceber isto se for a um curso com pessoas realmente interessadas em aprender inglês, por exemplo. Você pode perceber o nível de energia que aumenta e se expande. Em outras classes em que os alunos não estão interessados em se concentrar, a energia abaixa, facilitando o caos em algum nível.

O problema surge quando alguém se dedica aos piores pensamentos ao longo dos anos de sua vida, fazendo com que se intensifiquem tragédias, doenças, conflitos e fracassos. Ao contrário, quem se dedicou a fazer com que seu pensamento treine posturas sãs, positivas e construtivas, só pode ter um acúmulo de sucessos.

O sucesso é um dos grandes efeitos cumulativos progressivos do bom pensamento.

Tomo consciência de que meu poder mental cresce com o tempo, e que seu efeito é progressivamente cumulativo. Quanto mais penso positivo, mais chances tenho de ser bem-sucedido.

Talvez você se sinta contagiado pela cultura atual de que, sabendo clicar, poderá ter acesso a toda informação de que necessita. Isso não corresponde à realidade, principalmente na visão holista que o considera corpo, mente e espírito. Nessa visão, saber pensar é mais importante do que encher a mente de informações soltas. Saber pensar é função da esfera da Consciência.

A consciência é a entidade capaz de observar os próprios pensamentos e captar energias ou manter energias ou emitir energias. Ou pensamentos.

Eis porque é tão importante aprender a observar uma situação e fazer perguntas para levar a sua mente a agir de maneira apropriada.

O método mais simples de provocar o estado de observação é fazer bom uso das perguntas. O fato de perguntar no lugar de querer pensar sem método ajuda o raciocínio a entrar em ação, dando um nexo aos seus pensamentos. Fazer perguntas o ajuda a articular e conectar informações soltas e que pareciam sem sentido.

Há quem pense que o ideal é ter todas as respostas. Bem, em termos energéticos, se você deseja manter um bom nível de energia, é bem melhor ter perguntas. As respostas limitam o seu campo de visão enquanto as perguntas alargam sua perspectiva mental para pensamentos mais lúcidos e lhe possibilitam nova visão em qualquer situação.

Capítulo treze

Torne seu pensamento sagrado.

O pensamento pode ser inspirado ou não, todavia, a sua dinâmica é sempre a mesma. Você pode aprender a sacramentar e tornar o seu pensamento sagrado. Depende de você decidir o que quer.

Aprender a vestir o seu pensamento como se vestisse sua melhor roupa é muito inspirador. Você começa então a fazer sua alma tornar-se sagrada.

Frequentemente as pessoas são tomadas pelo poder dos pensamentos sem sentido, mas o pior é quando a mente lhes parece um furacão que mina a energia e suga qualquer possibilidade de ação.

Mil preocupações futuras, mil ideias novas para o trabalho e para a reforma da casa, mil vezes você sai da casa – no seu pensamento – para encontrar novos clientes de mil maneiras diferentes ou pega no telefone para ver se deixa de pensar enquanto fala com alguém.

Nada parece funcionar para deixar sua mente clara e seus pensamentos direcionados.

O passado volta com força e você refaz mil vezes a cena que aconteceu semanas antes ou o futuro mostra garras desconhecidas.

Aí está o melhor elemento para corrigir a rota dos seus pensamentos. O tempo. Você só pode parar o tempo congelando seus pensamentos – um está ligado ao outro – se focar no presente.

A palavra "relógio" significa "o lugar de ouro" e ao olhar para ele, você tem chance de prestar atenção no momento presente. No entanto, eu sei que na maioria das vezes as pessoas quando olham as horas estão pensando no que farão *depois*. Nem o relógio consegue nos lembrar como é precioso o agora, o hoje, o momento. E nunca produziram relógios tão grandes!

É necessário ter o "pé no chão", isto é, estar aqui-agora! Para corrigir a rota, é necessário usar a força da sua atenção para o momento presente.

Mesmo que sua vida lhe pareça um caos com tantas coisas para serem feitas, atingidas e compradas, tenha coragem de parar. Pare. Olhe e veja o que a confusão está fazendo com você. Observe com carinho como se fosse seu melhor amigo. Observe com o mesmo cuidado o que suas mãos estão fazendo. Como elas estão exprimindo o caos. Observe com atenção se e com quem está conversando e sobre o quê. Testemunhe a sua necessidade real de respirar e respire profundamente. Por favor, solte todo o ar que puder.

Durante as tensões mentais, tendemos a segurar o ar. Solte e faça um movimento mental de se encaixar por dentro nos ombros e braços. Rapidamente, volte para a observação interior e note o que você está precisando agora. Escrever, terminar uma carta, tirar objetos da sala ou molhar o jardim? Faça sem delongas.

Isto irá acalmar a mente porque o seu interior volta a agir com foco e em sintonia com o que pensou.

Quando eu estava treinando meu ser interior a dirigir minha mente, fazia um exercício constante. Eu me desligava do exterior duas vezes por dia por alguns segundos e me fazia duas perguntas que havia escrito num papel e que levava aonde fosse.

O que você está fazendo agora, nesse lugar, com toda a sua atenção?

O que pode pensar em relação a isto para melhorar o seu presente e estar profundamente conectado a ele?

Fiz isto por alguns meses, parei, voltei a fazê-lo quando alguma crise pessoal atingia meu modo de pensar. Ou quando passava a sentir cansaço mais acentuado pela tensão mental.

Em poucas semanas, eu vi meus pensamentos negativos "emagrecerem" consideravelmente, aliviando minha energia de cargas inúteis e, sobretudo, nada eficientes.

Você pode detectar se está precisando desse exercício quando sente que faz tudo muito devagar, com indecisão constante ou quando muda de um lugar para outro na casa ou empresa sem concluir nada bom.

Este é um exercício excelente que lhe dá o que energeticamente chamamos de *grounding*, chão. Você volta a viver de verdade as experiências que estão à sua disposição exatamente aqui-agora. Nada mais o impede de tocar com a mente o grande momento da sua vida: agora!

É fácil perceber se está pensando de maneira eficaz quando sente que o tempo "voou". Note o que está fazendo e fique feliz por estar focado no seu presente como se estivesse na eternidade. É ali que o tempo "voa", não existe.

Vale a pena observar que, quanto mais você se entrega ao momento presente, mais ele se dilata em eternidade.

Capítulo catorze

Agir é muito mais que reagir.

Tomar consciência do que se pensa em relação a um assunto, relacionamento ou pessoa é fundamental para atingir sucessos extraordinários no mundo.

Nas situações mais complicadas, é necessário individualizar para onde direcionar o pensamento, o que leva a encaminhar energia solucionadora.

A grande pergunta no mundo dos pensamentos é:

O que é realmente necessário para solucionar esta questão?

Normalmente quando os pensamentos se acotovelam na mente não há espaço para a lucidez. As perguntas servem para criar esse espaço na sua energia. A mente se acalma.

Insista várias vezes em se perguntar o que você precisa para dissolver um problema, resolver um conflito ou encontrar um caminho e se deparar com a boa escolha para uma questão.

Há vezes em que você insiste em pensar sem parar num assunto e ele se complica cada vez mais, e você não consegue encontrar a solução que busca. Nesse caso, a postura de "deixar ir" deve ser vista como aliada para encontrar respostas para suas crises.

Após deixar ir o que acredita, esvazie o seu pensamento e faça perguntas com o coração.

Na maioria das vezes você, como a grande maioria das pessoas, pode estar acostumado a só colocar perguntas que sabe responder, não notando que está se limitando. Mais do que isso, você pode estar se impedindo de encontrar soluções importantes.

A seguir você vai encontrar sugestões para fazer perguntas que abrem o coração do seu pensamento para encontrar um ponto real com o qual você poderá trabalhar sucessivamente. Porque, o que adianta ficar afirmando coisas positivas sem saber exatamente o que é necessário afirmar?

Mina é um exemplo. Ela me procurou porque o chefe continuava a criticá-la em como administrava os custos de representação da empresa. Mina continuava a pensar em como ele era injusto, agressivo e perdulário. Ela não encontrava motivação para o seu trabalho. Enfim, a energia de Mina estava estagnada, afogada em pensamentos negativos sobre o chefe e pensamentos de elogios à sua capacidade de suportá-lo.

A solução não parecia possível.

Mina soltou todo pensamento de defesa de sua posição e relaxou totalmente por um tempo. Caso o problema voltasse, ela se dedicaria a substituí-lo por outro. A seguir, ela se faria perguntas como se ainda não conhecesse o problema nem tivesse tido conhecimento da situação. Ela fez exatamente assim. Deixou de acreditar que já sabia tudo sobre a questão, o chefe e ela mesma. Quebrou o ciclo vicioso em seus pensamentos. E continuaria quebrando.

Mina se surpreendeu com o milagre nascido de sua disponibilidade interior. A sua alma pôde conquistar um novo patamar de compreensão, conscientizando-se da possibilidade como algo concreto.

A grande chave das soluções é quebrar o ritmo repetitivo em seus pensamentos.

Eis algumas das perguntas que podem ajudá-lo a usar essa chave:

- O que é realmente necessário para realizar esta tarefa?
- Como posso resolver esta dificuldade, impasse, conflito?
- Como é possível dissolver este mal-estar?
- Como posso evitar o conflito?

A partir da resposta ou do intervalo entre a pergunta e os tipos de sensações decorrentes da indagação, você dilata a sua visão e pode escolher como agir. Antes de tal observação, você poderá até se tornar um papagaio maravilhoso que repete frases magníficas, no entanto não tem a mínima ideia do que a sua alma necessita para se realizar naquele exato momento.

É importante que você se compreenda melhor antes de fazer as afirmações positivas que lhe servem. Começar por elas significa abandonar qualquer probabilidade de se conhecer passo a passo ao longo da viagem da sua alma. Por outro lado, você pode escolher afirmar o positivo e ficar observando sua resistência ainda existente quanto a criar possibilidades positivas em sua vida.

Capítulo quinze

Seu conhecimento, seu nível de energia.

Todo mundo deseja cancelar os limites, porque eles o impedem de chegar onde gostaria. Os limites têm a ver com conquistas e isso é muito forte.

O que é considerado o seu limite?

O corpo e a pele parecem ser o limite físico. No nível mental, o limite é definido pelo alcance do seu conhecimento e, no nível emocional, pelas suas crenças.

Os limites energéticos são mais sutis para serem detectados. Eles incluem todos os níveis da sua existência, físico, mental, emocional, espiritual. O nosso primeiro passo vai ser lidar com alguns limites do nível mental para afetar positivamente a sua energia. No próximo livro, estenderemos o assunto lidando com a emoção e, no terceiro, com o nível espiritual.

Acredito ser mais importante desenvolver o conhecimento da dinâmica do pensamento e treinar diferentes tipos de pensamentos, do que falar muito sobre limites. No entanto, mais à frente, dediquei-me a relatar os efeitos dos pensamentos, porque por meio deles você reconhece o que está realmente fazendo com a sua vida, eles lhe mostram quais são as escolhas que aparecem de verdade na sua realidade.

Quando você pensa em limites, acaba gerando milhões deles. Quando busca se conhecer, o nível de energia se eleva porque você está se conscientizando.

Mais do que teorias sobre limites, vou dar exemplos.

Marta sentia-se limitada e pequena toda vez que tinha que falar em público.

Ela sentia que o seu corpo não era aceito pelos outros e isso significa que ele estava isolado, separado e distante dos outros. Apesar da sua grande capacidade profissional, o corpo lhe parecia o maior obstáculo que conhecia. Nada do que fazia parecia impedir que ela sentisse isso. O seu corpo era um limite intransponível!

Marta só conseguiu superar tal dificuldade quando se conscientizou de que era o seu pensamento que contava e ele só tinha o corpo que ela lhe daria. Ela podia cancelar qualquer limite com pensamentos bem definidos e interessantes. Quanto mais ela tomou consciência de que o isolamento interior era superficial, mais ela se tornou um sucesso.

Joaquim, pelo contrário, era muito atraente e sabia disso, no entanto, sua falta de cultura geral era um limite.

Ele havia progredido muito em sua carreira e passou a ter que fazer pequenos discursos que, sucessivamente, tornaram-se mais importantes e lhe causavam tremedeiras e suores constrangedores. Ninguém entendia como um homem tão bem-sucedido podia ficar tão emotivo diante de pessoas que queriam ouvi-lo.

Joaquim conseguiu superar a ideia de limite quando se conscientizou de que o importante era falar sobre o que sabia e nada mais. Antes de cada apresentação, ele passou a fazer a lição de casa que lhe dei, isto é, perguntar-se com amor "o que vim comunicar do trabalho que faço?". A seguir, ele lia um lembrete escrito de próprio punho que dizia "diga o que sabe, não tente se mostrar grande nem pequeno".

O sucesso foi enorme porque seus pensamentos estavam claros e bem direcionados. Joaquim entendeu "onde" ele estava colocando o limite. Antes disso, nenhum pensamento positivo havia resolvido seu impasse. Compreender e conscientizar-se foi uma chave. É a chave para alargar seu horizonte cancelando limites. Conhecer a si mesmo.

Use a imagem de um horizonte sempre que se sentir limitado. Quanto mais alto você olhar, mais amplo fica o seu horizonte.

Nara havia sido uma assessora de sucesso até que seu chefe se afastou e a empresa decidiu nomeá-la substituta. Teve início a pior fase de sua vida.

Para Nara, o grande trabalho interior era identificar as crenças que circulavam em sua mente. A chave para resolver o impasse e dissolver o limite foi superar a crença de que só era boa ajudando e não conduzindo.

Muitas vezes, quando alguém chega a mim indagando o que fazer com os seus limites gigantescos, eu faço uma pergunta:

Dizem que o Sol vai acabar um dia,
assim como o nosso planeta.
Será que você pode ir além do Sol,
da pele e do corpo?

Ao ouvir isso, a pessoa fica tão desconcertada que deixa de lado, mesmo que somente por alguns minutos, o apego aos seus próprios pensamentos e então temos chance de trabalhar outro enfoque. Conscientizar-se de que você pode ir além do Sol é um grande passo para alargar sua energia e cancelar limites.

Sair da Terra com pensamentos bons, bonitos, construtivos faz com que você traga o céu para a sua terra. Não hesite em tentar. É muito bom.

A sabedoria antiga hindu diz "segure as rédeas da sua mente como seguraria as rédeas de um cavalo selvagem".

O dinamismo do pensamento é tão forte que nós o fixamos com imagens. É daí que deriva a ideia de que pensar é uma arte refinada.

Sua memória contém todos os pensamentos que você "formatou" e que reforça a cada passo mental. Lembre-se disso quando insistir em pensar algo não positivo e que não lhe sirva a um propósito de vida. Sua alma necessita desse passo. Melhor não pensar em nada do que pensar no pior para si. Melhor admirar um belo panorama.

O pensamento tem uma dinâmica simples: você o cria e ele vai buscar alimento para a sua sobrevivência como se fosse uma entidade externa e ao mesmo tempo uma extensão de si. Isso mesmo, o seu pensamento se torna uma extensão da sua energia, podendo sugá-la ou expandi-la.

Tomar a decisão de promover diariamente pensamentos e imagens construtivas facilita a formação de uma nova memória, e isto, normalmente, se chama milagre.

A pergunta para você agora é:
Você se propõe a criar uma nova memória alargando a esfera de suas possibilidades no fundo do seu coração?
Você se propõe a ir para além do Sol?

Decida-se agora e responda a tais perguntas, reiteradas vezes, para si. Imagine-se indo fisicamente para além do Sol. Use a imaginação.

Os próximos pensamentos que apresento neste capítulo têm como objetivo uma autoinclusão consciente num nível amigo mental, o mundo dos pensamentos com alma. Imagine os seus pensamentos como amigos carinhosos.

Decida-se a concentrar as suas forças e convide a sua energia a dar início a uma etapa nova e realizadora. Decida-se a ir ao encontro de sua alma.

Eu me decido a ir ao encontro da minha alma
usando o meu pensamento.

Eu me decido a focar minhas forças numa nova etapa mental.

O amor me precede em cada pensamento e ação.

Use afirmações para se ajudar em dificuldades, trabalhando internamente de maneira direcionada para elas. Estes pensamentos são usados para objetivos específicos. Analise qual assunto parece pendente de solução ou de finalização e o coloque ao final das frases.

Eu dou qualidade aos meus pensamentos para dar energia a tal assunto (coloque qualquer assunto).

Eu encontro aliados que me ajudam a dissolver...

Eu conto com aliados como os iluminados para inspirarem a solução desse...

Eu sou capaz de criar uma nova memória, gradual e sistematicamente, alargando a esfera das minhas possibilidades. Eu projeto isso em tudo que pensar a respeito.

O coração de cada pensamento meu encontra alimento suficiente para restaurar o equilíbrio em...

Eu amplio o horizonte do meu pensamento para o bem da minha alma nesse assunto (da profissão, da maternidade, do trabalho, do bem-estar físico etc.).

Capítulo dezesseis

Tipos de Pensamentos: entender e usar.

• PENSAMENTO SILENCIOSO-MEDITATIVO

Perante a mente serena,
todo o universo se entrega
– Lao Dan.

É necessário desmistificar o pensamento meditativo ou silencioso porque ele tem tanto ou mais poder do que os outros, embora seja mais doce e profundo.

Meditar é criar um vazio de espaço sem tempo. É purificação. É um impulso de pura energia. Energia em estado latente.

O segredo é diluir a mente que o confunde, e que congestiona sua energia, gerando a dispersão de seus objetivos e de seu bem-estar.

Você também medita quando faz uma caminhada pensando profundamente em algum assunto específico, ou quando não pensa em nada; você age com pensamento silencioso quando cria um vácuo mental ao mesmo tempo que foca sua atenção em algo específico. Muitos esportistas atuam, a maior parte do tempo durante as suas atividades físicas, nesse tipo de pensamento.

Há filmes que mostram claramente tal processo. O personagem para de pensar e flui sentindo profundamente um silêncio que o isola de tudo e todos. Ele se volta para um centro abstrato e poderosíssimo.

O silêncio mental serve para se concentrar numa esfera ampliada de consciência, na qual a visão torna-se límpida e a harmonia invade seu corpo e sua energia, inclusive nas horas seguintes, promovendo intuições extraordinárias.

Você leva a sua atenção a um nível mais elevado e restaurador de energia. Dar uma pausa na atividade de pensar é um modo diferenciado de pensar.

O pensamento silencioso é um poderoso reorganizador de sua energia, que abre espaço para informações mais centradas.

Você isola o caos mental e percebe uma sensação de liberdade. Quando você se sente descansado, é porque o pensamento silencioso o envolveu numa energia organizadora, suas células se alinham e sua mente se acalma.

O pensamento silencioso acontece naturalmente para muitas pessoas, apesar de não perceberem, todavia, você pode treinar deixar de pensar, resolver, solucionar, analisar, concluir e discutir com a sua mente.

Quando você repete e repete por algum tempo um tipo de oração, de afirmação, de mantra ou de decreto, conseguindo manter a atenção acesa e concentrada, está meditando ou atuando um pensamento silencioso.

Acontece o mesmo quando você lê um livro, conseguindo focar totalmente no fio condutor da leitura e nada mais.

Façamos um exercício de pensamento silencioso:

Sente-se comodamente após ter desligado todos os meios de comunicação, rádio, celular e telefone.

Agora fixe a sua atenção e sua imaginação num panorama amplo, no caso, o de uma planície gigantesca, cercada por montanhas escuras à distância. Na planície, você vê um gigantesco campo de trigo balançando ao vento. Agora, fixe sua atenção no vento que conduz as pontas do trigo pelo ar, você sente o espaço, que recebe o vento e sente como o vento penteia a planta. Você é capaz de sentir cada detalhe do movimento, cada evento, paralisando o tempo e observando toda a cena em câmera lenta. Como num filme, você pode ver o terreno seco, as cores amareladas da planta, o contorno do vale. Você sente o vento no rosto como se fosse a planta. Demore-se na etapa em que o vento sopra e depois para de soprar.

Sinta o tempo e o espaço respirarem com você. O vento sopra e logo depois cessa. Quanto mais vezes você repete o ato de soprar e cessar com a sua imaginação, mais claramente compreende o poder do pensamento em seu corpo e suas sensações. Você percebe com nitidez que o seu corpo sente realmente o vento e o ar parados. Faça o exercício até que não permaneça dúvida alguma sobre tal poder.

Só então se conscientize de que o espaço dilatado de energia gerado pela abstração meditativa permite, de agora em diante, a entrada de novas experiências positivas e realizadoras no seu dia e no seu mundo. Imagine tal espaço, sua amplitude.

Agora volte a si. Sinta como sua respiração se modificou e seu olhar reflete um estado silencioso.

Você pode utilizar este tipo de pensamento e de exercício quando:

- Sentir que seus pensamentos se misturam sem objetividade.
- Necessitar lidar com uma crise pessoal ou profissional de certa dimensão.
- Precisar descansar a sua energia antes de um encontro importante ou logo após um momento de tensão.
- Desejar dilatar a sua energia para propiciar intuições.
- Criar uma rotina de exercícios diários para disciplinar sua mente.
- Estabelecer um contato maior com a energia de quarta dimensão.

• **PENSAMENTO INTUITIVO**

Este é um pensamento que você recebe, ele acontece, surge e cabe a você perceber e se conscientizar do conteúdo.

Normalmente, ele aparece logo pela manhã, assim que você acorda. Também pode surgir logo após um exercício com o pensamento silencioso ou meditativo.

O pensamento intuitivo é o emblema da capacidade humana de receber informações. Recordar que o nosso aparelho corpo-mente tem a função de receber, manter e emitir informações. No pensamento intuitivo, receber é a chave.

Poucas pessoas dão realmente atenção ao que dizem seus pensamentos intuitivos e nem os invocam.

Talvez você tenha se observado pensando coisas tipo "não sei o que fazer", "não consigo achar a resposta". Eis quando vale a pena fazer a pergunta no lugar de afirmar que não sabe ou não consegue. A provável consequência é a de ouvir respostas por meio de pensamentos intuitivos.

O pensamento intuitivo é o que mais se sintoniza com o dom da profecia e clarividência. O problema com este pensamento é conseguir a linguagem adequada, caso tenha que colocá-lo em palavras, por ser tão próximo das visões e do mundo ilógico.

Você sabe que o pensamento intuitivo surgiu quando se percebe dizendo coisas como "não sei por que, mas tem que ser assim", "só sei que é assim", "não me pergunte por que é desse jeito". A seguir, você pode até tentar encontrar explicações racionais ou não, todavia, já conhece o que recebeu como informação, o seu conteúdo.

O desafio que você tem pela frente é captar, perceber e notar quando tal pensamento "passa" pela sua mente. As pessoas mais observadoras têm maior facilidade natural para isso, outras precisam se conscientizar e treinar.

Quanto mais você estiver alerta porque deseja conscientemente dominar e conhecer seus pensamentos, tudo ficará mais fácil.

Repetir para si mesmo este desejo facilita o treinamento e o recebimento de tais pensamentos que são tão cheios de luz e de discernimento. Você se sente cheio de entusiasmo ao perceber claramente que existe essa captação extraordinária!

Este é um dos pensamentos mais benfazejos, porque você não o cria, e o recebe junto com a sensação de que não está só no universo, de que alguém ou algo o escuta, de que fala com você e com propriedade. Não só. Você sente que faz parte de um plano maravilhoso porque é inteligente.

Quanto mais você se capacita em utilizar as informações além de somente recebê-las, mais compreende a maravilha da criação.

O pensamento intuitivo é um misto do pensamento silencioso, meditativo e passivo. Poderoso e simples. Você se sente parte ativa do movimento universal. Com o pensamento silencioso, você passa a fazer parte de um universo amplo e extensivo que o aceita, acolhe e no qual você pode se dissolver totalmente. Lá, você existe sem existir. No pensamento intuitivo, o universo se contrai no seu ponto, no seu espaço, na sua questão ou pergunta, e o dilata. O universo que expande o seu mundo; antes, porém, ele tem que se contrair naquele ponto no qual você está.

Eu uso o termo "contrair" por falta de outro, pois é claro que a força vital, estando em tudo e todos, não se "contrai" fisicamente. Ela se detém atraída pelo seu campo de energia. Os pensamentos intuitivos, normalmente, são impulsos amorosos que o tocam com leveza. Os pensamentos realmente intuitivos nunca são de previsões dramáticas destruidoras. Eles são bênçãos.

É importante não confundir esse pensamento com a capacidade de "ver" o que irá acontecer. A clarividência é mais que um pensamento, ela é uma visão, portanto, não entra nessa exposição. Estou falando do pensamento intuitivo que faz você encontrar respostas que necessita *aqui e agora*.

Considero este pensamento como um dos grandes rastros de Deus no espectro visível do coração humano.

Sou grata cada vez que os acolho e eles passam por mim. Nada mais permanece igual. Tudo muda e se transforma.

• PENSAMENTO PASSIVO

Sou grata a esse pensamento desde que aprendi a observá-lo com atenção. Compreendi que aprendo com o pensamento das pessoas que falam alto ao meu lado no metrô, no trem, no avião ou no aeroporto. Compreendi que aprendo quando vejo a televisão *e* a ouço – duas coisas bem distintas, como veremos depois –, aprendo quando ouço uma canção e escuto as letras e seu significado, os títulos dos jornais e o que circula na internet.

Tudo isso promove em você o pensamento passivo. É também uma das mais violentas formas de manipulação, de inquietação da mente, de impossibilitar ações corajosas e refrear a criatividade.

A maior parte das pessoas vive e se exprime com dois tipos de pensamentos, o passivo e o reativo.

Lao Dan, um sábio da antiguidade oriental, dizia que os inimigos do homem não são os demônios, mas seres humanos como ele mesmo. Outros sábios disseram que o maior inimigo de alguém é ele mesmo.

Isso significa que os pensamentos que você recebe passivamente e os terríveis que emite criam o caos de infelicidade e, em tal caso, não é necessário morrer para ir para o inferno, você já estará vivendo nele.

Muitas pessoas acham que, se não emitirem pensamentos negativos, a vida delas poderia se tornar melhor. Poucas sentem de verdade a responsabilidade de estar "acordadas" o suficiente para prestar muita atenção aos pensamentos que estão recebendo, mas, e mais importante, como elas os estão elaborando.

Você pode descobrir se está fazendo um ótimo trabalho interior se começar a rir do que ouve com maior frequência, inclusive do que ouve de si mesmo, ou se experimentar constantemente um fluxo mais leve naquilo que pensa. Transformar a qualidade do que escolhe aceitar no seu campo de energia é iluminá-lo gradualmente.

O pensamento passivo é um dos mais difíceis de serem individualizados, conhecidos e colocados em nova perspectiva. Isso porque eles chegam à revelia a maior parte do tempo, principalmente numa cultura de tecnologias de comunicação.

A importância da tecnologia espiritual é fundamental para lidar com esse tipo de interação ou interferência.

Em linguística, uma interferência na comunicação se chama ruído e no mundo da energia os ruídos são muito mais do que simples interferência. Eles são boxeadores sem piedade. Cabe a você cuidar para que não o afetem de maneira esmagadora.

As crenças constituem a base das suas experiências e elas são confirmadas, buriladas ou constituídas por meio dos pensamentos e emoções que você sente e das informações que recebe do mundo. O pensamento passivo é o grande responsável pela maior parte do que você sente e vive sem entender por quê.

O pensamento passivo também chega da sua própria mente, ao reviver o passado ou temer o futuro. Oras, se você não está satisfeito como as coisas que estão acontecendo na sua vida, vale a pena observar os parâmetros antigos que você insiste em manter em vida.

Eu entendo que você pode considerar isso quase impossível no ritmo das atividades diárias. Sugiro que se dedique à observação pelo menos de vez em quando para flagrar os pensamentos que não se acomodam à sua alma. Um dos grandes momentos para fazer isso é quando se sentir deslocado, seja num local ou numa situação.

Outro momento é quando assiste a um programa na televisão. Ou assiste a um filme.

Ali é hora de indagar:

Que tipo de pensamento você está absorvendo? – eis a grande questão.

É o que deseja para si?

É o que Deus daria de presente, caso você fosse Ele mesmo?

• PENSAMENTO REATIVO

Os animais respondem com um instinto afiado a todas as situações. Eles reagem o tempo todo.

O pensamento reativo é um desafio para os que desejam ser bem-sucedidos e para os que almejam tomar posse de suas almas até entregá-las a Deus.

Alguém diz algo que corresponde a um pensamento violento ou injusto segundo o seu momento de vida e suas crenças. Você sente imediatamente a reação com toda a força do seu instinto. Eis quando o grande desafio aparece: deixar a mente de lado exatamente naquele momento em que ela domina toda a sua energia.

A sua mente lhe passará uma enxurrada de argumentos para desafiar a informação recebida e você precisará agir de maneira interior e não exterior.

A quebra do hábito de cair novamente no mesmo padrão reativo é o objetivo, é a etapa da sua viagem e é o passo fundamental na conquista da sua alma.

Veja um pensamento ativo de conscientização que pode ajudar você:

Tudo passa, isso passa, o momento passa!

Repetir isso mentalmente vai esvaziar a sua mente de qualquer pensamento reativo inútil à sua evolução.

Você pode criar uma imagem de algo que se vai, que passa ao largo como a correnteza de um riacho ou o vento que sopra ao lado do seu corpo.

Após aquele único segundo, a sua alma se dilata e você tem a sensação de poder sereno insubstituível.

Você venceu. Você escolheu agir em silêncio.

Um grande aprendizado para sua energia permanecer vibrante, não discutindo e treinando abandonar o hábito às reações sem foco superior.

• PENSAMENTO DE PAZ, SAÚDE E AMOR

Pensamento de paz

O pensamento mais corajoso que conheço é o de paz. Há muitos outros, mas este bate todos de longe.

Anos atrás, pediram-me para dar uma palestra sobre a paz e eu fiquei muito surpresa. Perguntei aos organizadores se tinham certeza absoluta de que era isto que queriam. Eles responderam que sim.

Lá fui eu, armada de nada, com a mente totalmente livre, porque falar de paz é falar de nada. Isso mesmo!

Há muita gente que ama lutar pela paz, sonhar com a paz e desejar ao mundo a paz. Isto as faz sentir muito bem e as faz parar por aí também.

Iniciei minha palestra contando ao público o tamanho da minha surpresa pelo tema escolhido.

– É impossível dar uma palestra inteira sobre a paz ou ensinar a paz. Que assunto pode render a paz? – indaguei à plateia.

Ninguém sabia responder.

Não sabiam porque não rende assunto algum.

A paz é um estado de espírito que você precisa sentir a ponto de não lutar mais por ela. Você se rende a ela, você se entrega a um estado puro do ser imóvel e tranquilo.

Quem quer uma palestra que deixe todos sem novidades para digerir, levar para casa, discutir com os amigos ou consigo?

A paz não rende dinheiro, ânsia, conflitos, adrenalina ou discussão.

Por isso, é necessário ter coragem para ousar tal estado de ser e impulsionar a sua arte de pensar.

Se você se lembrar de que toda a sua energia segue a sua atenção, pode bem compreender o que acontece quando alguém emite pensamentos de luta, mesmo que seja lutar pela paz. Não acontece absolutamente nada. Nada pacífico pelo menos. Aumentam os pensamentos de luta, de conflito, de discussão e de opiniões.

Acontece o mesmo quando as pessoas criticam o estado de suas vidas como se isso as transformassem num passe de mágica. Não transforma. A crítica constante é um pensamento que reduz seu corpo a um estado de petição de miséria, sua mente a um terreno árido e desorganizado e sua alma pesa toneladas.

Para que pensar em fracasso se você deseja sucesso e por que não perceber que, evitando a tentação de pensar no inferno, você conquista o paraíso! Compreender tal dinâmica do pensamento elucida de uma vez por todas o seu propósito e como alcançá-lo. Pense no que quer, organize o que quer no seu pensamento e isto gradualmente se realizará. Deixe que o esquecimento envolva os pensamentos que não deseja ver expressos na sua vida. Deixe de dar poder ao que não deseja viver. Deixe de criar os monstros e fantasmas que o atormentam algumas vezes ou frequentemente. Deixe de dar seiva vital ao que o assombra. Ilumine-se com pensamentos construtivos e amorosos. Deixe o amor pelo seu pensamento tomar forma a cada dia que passa. Permita que a luz penetre o seu pensar colocando ordem realizadora. Pergunte-se com frequência se o seu pensar está cheio de amor e repita que se propõe a viver com pensamentos de amor.

Escolher cultivar a coragem de pensar com ordem e com discernimento é o primeiro passo para a paz.

Vejamos algumas frases que encerram pensamentos de paz e coragem:

- Aceito a coragem de cultivar a paz na minha vida.
- Penso na coragem com assiduidade.

- Deixo ir pensamentos que impeçam a coragem de viver.
- Tomo consciência de que a paz é um tipo de pensamento.
- Aceito emitir pensamentos de coragem e de paz.
- É necessário coragem para ser pacífico.
- A paz não é uma fraqueza, mas uma força de minha alma.
- Aprendo com a coragem que incluo no meu pensamento.
- Deixo que pensamentos de paz surjam da minha alma cuidando de tal problema. (Escreva ou diga em voz alta o que sente necessitar.)
- Não há nada que um pensamento de paz não possa ajudar.
- Deixo a paz entrar em mim com ato de coragem nessa questão. (Escreva ou diga o que desejar.)

Pensamento de saúde

Saúde é o segundo pensamento mais corajoso que existe. A cultura do sofrimento é tão comum que estabelecer que você quer manter o corpo, a mente e o espírito saudáveis é um ato de rebeldia, é tornar-se um revolucionário. Aqui você começa a ter que escolher se quer ser um guerreiro da luz. Sim, porque a maior parte da comunicação de suas células é feita por emissões luminosas e, se quiser saúde para suas células, vai ter que se adentrar na esfera da luz.

A seguir, se desejar saúde mental, vai precisar ainda mais de luz e entender o mundo do invisível, perceber suas nuances para dar passos de gigante, como o de se reconhecer como participador cósmico do todo.

Finalmente, após trabalhar a luz no corpo, no pensamento e na emoção, vai chegar ao patamar espiritual. Você vai se perguntar se entra ou não na esfera mais rarefeita da luz. Se entrar, vai ter que manter a saúde ainda mais intacta. É quando, então, poderá se tornar guerreiro da luz.

Estabelecido por que vamos treinar ter saúde em todos os planos, comecemos pelo pensamento de saúde.

Ocupar-se de seu corpo físico com critério é útil por ser o seu aparelho de comunicação no mundo físico. Uma atenção gentil vai para a sua alimentação, para o movimento físico, embora sem exageros, afinal, o seu corpo físico não é o cerne da vida, mas a sua alma é que representa o lema central!

O segundo passo para atingir um pensamento de saúde mais completo é fazer exercícios com a sua mente. Eu sempre imagino que não seja possível fazer isso sem colocar o sentimento de amor em meio às palavras, às frases e aos decretos. É impossível não suspirar de emoção ao pronunciar e estabelecer o seu próprio bem. No entanto, e neste livro, o pensamento é o protagonista. Na próxima etapa, vamos trabalhar o pensamento e a emoção abertamente juntos. É um modo poderoso de se conhecer e ter contato com o poder de discernimento da sua alma.

Ter pensamentos constantes de saúde é prevenir doenças, estagnação energética e exclusão espiritual. Ter saúde é mais do que não ter doenças, é ter bom humor, disponibilidade, espontaneidade e olhar amigável.

Pensamentos de saúde começam a atuar nas células diretamente após algumas semanas e nos sistemas após alguns meses. Logo a seguir, proponho uma sequência das frases de treinamento que segue essa ordem cósmica. Considerando que o espírito desceu do mais sutil para o mais denso, agora a sua alma vai fazer a viagem inversa, da menor das células ao céu da sua alma.

- Minhas células se comunicam com equilíbrio luminoso.
- Preencho as células do meu fígado com luz, paz e amor.
- Meu organismo se recupera com facilidade.
- Aceito o bem-estar físico como ingrediente natural da existência.
- Eu posso pensar de maneira saudável e luminosa.
- Eu escolho a saúde como foco mental.
- Aceito introduzir uma ideia constante de saúde no meu pensamento.

Pensamentos de amor

São ainda mais poderosos e agem na coragem, na paz e na saúde.

Você pode construir uma nova vida dentro de si, pode se tornar mais inteligente, capaz, intuitivo, criativo e saudável se praticar a tecnologia do amor.

Você está na Terra treinando adquirir a consciência do amor.

O amor está sendo confundido com prazer, prazer e prazer. Essa confusão está gerando muito sofrimento e dispersão energética. Há quem diga que o caos está desgastando o amor. Jamais. Ele é um fruto intacto a que poucos têm direito, a menos que estejam dispostos a treinar subir na árvore para saboreá-lo com a alma.

O amor é a energia que chega de dentro, é o passo, a música da alma. Eu sempre sobreponho o amor à imagem da atmosfera do planeta Terra, como sinônimo de todas as experiências que estamos vivendo.

Os pensamentos negativos em relação ao amor parecem estar em todos os lugares. O chamado para consumir sem pensar, buscar prazer sem pensar com amor mais profundo e excluir a palavra renúncia como se fosse um pecado do mundo do imediatismo.

Renúncia não significa que vai ficar sem nada. Renúncia significa, nessa viagem da alma, que você deixa de lado os pensamentos que não são de amor verdadeiro por você, e renuncia à mentira e complicação.

Amor é simples e é verdade.

Quando tiver dúvidas se está pensando com amor, pergunte a si mesmo se o que está pensando é verdadeiro e faz parte do seu íntimo. Caso ainda tenha dúvidas, pergunte se o que está pensando é bem simples. Se uma ideia for complicada, cheia de meandros, não é de amor.

- Eu aceito treinar adquirir a consciência do amor.
- Eu aceito a ideia de que o amor precisa ser treinado.
- A perfeição do amor entra no meu mundo mental agora e aqui.

- Tomo consciência da possibilidade amorosa.
- Eu aceito considerar o Amor como algo incindível dos meus pensamentos.

• PENSAMENTO RACIONAL E CRIATIVO

Existe uma grande ilusão em relação ao pensamento racional, aquele que é motivo de orgulho para grande parte das pessoas que querem ser modernas e atualizadas. Elas se imaginam evoluídas por serem racionais.

O que é o pensamento racional e o que é o pensamento criativo?

O racional contém uma informação que existe para alguns e que outros podem reconhecer.

O pensamento criativo é o novo e inesperado porque tem uma lógica baseada em associações livres.

O primeiro segue um processo porque é fruto de uma elaboração e o segundo segue um fluxo.

Um processo e um fluxo. Qual a diferença?

Um processo equivale a uma montagem em sequência, um fluxo significa espontaneidade.

O pensamento racional diz que o número um simboliza uma quantidade. Você sabe que após o número um vem o dois, depois o três, e assim por diante. É racional, estabelecido e imutável.

O pensamento criativo diz que o número um é uma qualidade de alguém, a posição de um indivíduo. Você diz que o sujeito é o número um do time ou da empresa, o seu pensamento o qualifica por meio de um símbolo numérico.

Eu gosto de usar os números para exemplificar os dois tipos de pensamento. Eles parecem ser o quanto de racional que existe, não é mesmo? No final, o racional é o que já está conhecido e o criativo é fruto de associações, analogias, múltiplas possibilidades, enfim, uma dilatação de perspectiva.

O racional é linear e o criativo é paralelo. É por isso que muitas pessoas "preferem" se ver como racionais ou denominarem suas mentes como "racionais". Isso demonstra que nem sempre o novo é muito apreciado e que reconhecer o que já se sabe no que outra pessoa diz ganha a preferência de muitos.

Toda vez que encontro alguém que diz "eu não acredito em nada, sou muito racional", sinto a alma dele encolhida, e toda vez que alguém diz "eu acredito em tudo", eu sinto arrepios.

As duas posições limitam o ser humano, cujo sistema conta com tantos instrumentos e leis quantos for capaz de utilizar para viver esta dimensão da existência.

A pessoa que acredita em tudo quer se ver como totalmente livre e a que não acredita em nada quer se ver livre do lado paralelo da vida. Não há equilíbrio nem em um nem no outro. Nenhuma delas conhecerá a liberdade porque só atingindo o pleno potencial você pode ser realmente livre. A escolha completa de liberdade só é real quando você está em plena posse de suas faculdades para fazer escolhas, no caso, a escolha de ser livre. Antes disso, é impossível.

Você pode efetivar conquistas coordenando o uso de ambos.

O cérebro tem dois lóbulos e cada um deles se encarrega de emitir um desses pensamentos (criativo e racional). O lóbulo direito tem funções associativas, analógicas, percepções improvisadas, visão global e imaginação; o lóbulo esquerdo, a lógica e as codificações.

O segredo para que a alma viaje mais leve, saudável e elevada é usar ambos os lóbulos e, a seguir, uni-los no vácuo da meditação profunda, do esvaziamento mental.

As grandes realizações advêm dessa união. Por exemplo, quando Isaac Newton observou a queda da maçã, estava usando a contemplação visual do lóbulo direito do cérebro. Ele percebeu algo, pressentiu uma realidade ou uma lei no que via. Em seguida, ele utilizou o lóbulo esquerdo para codificar o que intuiu. Portanto, as "descobertas" nunca são totalmente racionais, e nem poderiam ser, senão não seriam "achados". As descobertas e achados têm ar de surpresa e isso somente o pensamento criativo pode dar. Em seguida, o racional organiza a criatividade.

Em todas as experiências, os dois aspectos são fundamentais, captar e interpretar. A intuição e o intelecto. A captação das vibrações sensíveis e sua elaboração.

As emoções desempenham um papel importante, seja com um ou com outro pensamento. Elas recebem informações ou as enviam ao pensamento, constituindo um todo que determina a química do seu corpo. Por isso se diz que o corpo humano nada mais é que uma fábrica química.

O poder mental organizado ajuda a equilibrar a química corporal, orgânica e espiritual. Por outro lado, quando essa química está bem equilibrada, a alma incorpora a energia acumulada. Na prática, isso significa coordenar nossos "lados".

Havia um jogador de futebol que se submeteu a uma pequena operação no joelho. A mecânica do joelho estava perfeita após dois meses. Não havia nem sinal visível do fato, mas os treinamentos físicos não foram suficientes para recuperar o ritmo de jogo de antes.

A parte mecânica do corpo estava intacta, mas nada era como antes. Por quê? Porque as emoções ficaram codificadas pelo pensamento racional que havia criado uma crença de doença e desequilíbrio. A incapacidade física foi gravada pelo pensamento racional e, como naquele âmbito nada muda, tudo é código fixo e imutável, a volta aos movimentos ficara comprometida.

É por isso que trabalhar com imagens, típicos pensamentos criativos, torna-se um grande instrumento de superação de muitos problemas físicos.

Você pode utilizar o pensamento criativo para "consertar" situações que não parecem equilibradas, sejam físicas ou mentais.

Você pode começar a trabalhar seus pensamentos racionais e criativos nas afirmações. Quando você cria as imagens que vai colocar numa afirmação, está trabalhando com o pensamento criativo, e quando as interpreta numa frase conhecida (= racional), completa o quadro.

Cada vez que diz "eu posso correr livremente pelo campo com facilidade" está usando termos racionalmente codificados que "convencem" a sua mente de uma realidade desejável. O cérebro capta as vibrações das imagens que o atravessam quando você faz sua afirmação e isso transforma o seu mundo.

Os decretos, as afirmações e as projeções têm grande poder porque trabalham o mental de maneira específica.

Ao coordenar ambos os pensamentos, você passa a ter acesso à chamada supermente, aquela esfera da consciência que não só vê os sinais divinos ou do invisível, mas os compreende.

*

O congregado olhou para o monge, perguntando-se como era possível que ele falasse tão pouco, fazendo-se entender tanto.

Decidiu perguntar ao monge porque também queria aprender a fazer isso.

– A cada dia, não pense por muito tempo e permita que Deus lhe conte estórias novas.

– Mas você disse que devo treinar meu pensamento para que ele me obedeça com suavidade. Como a força que domina o leão selvagem.

– Quando você quiser ouvir a sua voz, faça o que lhe disse. Quando quiser ouvir o Divino falar em você, deixe de pensar. Só então a clareza o ilumina – disse o monge, afastando-se em silêncio.

Capítulo dezessete

Efeitos dos Pensamentos.

Observe a sua vida e conheça
seus pensamentos com verdade.

Carlos foi assistir a um *show* musical com seu amigo Murilo.

A cortina do teatro se abre e um artista famoso entra cantando em meio a muitos efeitos especiais que incidem sobre a energia do público.

Carlos prestou atenção aos pensamentos que as letras das canções jogavam sobre ele. Pela primeira vez teve consciência da insanidade que estava absorvendo. As letras falavam de rebeliões sem fim e sem sentido, falavam de confusão interior e sem solução, de tudo o que a sociedade lhe havia feito, roubado e agredido.

Carlos, finalmente, olhou para dentro de si e teve a ideia clara do que estava fazendo a si mesmo.

Ele teve o bom senso de rir dele próprio e do artista. Energeticamente começou a se isolar da influência dos gestos e das palavras.

Murilo não fez a mesma coisa, pois não estava aplicando o que conhecia sobre os pensamentos naquele momento da sua vida.

Os efeitos dos pensamentos sobre os dois amigos divergiram visivelmente.

Carlos passou, então, a observar os efeitos dos pensamentos recebidos por Murilo, a alteração no olhar e nos movimentos e a energia fora de controle. Calmamente, observou-se e pôde sentir como estava destacado. Ele podia distinguir a capacidade dos bailarinos de transmitir energia e como o artista tomava energia de todos ou a alterava.

Carlos já sabia como funcionava a dinâmica do pensamento, a nuvenzinha que viaja pelo mundo buscando energia para a própria sobrevivência e que ainda volta reforçada à mente do emissor. Entretanto, era a primeira vez que ele ficara destacado da energia comum de um espetáculo conscientemente. Era a primeira vez que aprendia consigo mesmo em relação às energias que lhe chegavam de fora.

Carlos nunca mais esqueceu a lição recebida pela experiência direta daquela noite. A partir de então, ele estaria mais alerta para tudo que estivesse para penetrar o seu campo de energia. Ele começara a aprender a evitar efeitos de pensamentos.

Ele entendeu que, ao retirar sua atenção de um pensamento de conexão direta e passiva com o artista, pôde preservar sua energia. Pelo menos naquela noite.

– Cada dia, cada momento, significa estar alerta – disse ele para si com convicção.

Os efeitos dos pensamentos são os mais variados. Tomar consciência dos efeitos é importante para que você conheça a qualidade dos seus pensamentos. É como quando alguém passa mal por ter ingerido comida estragada.

Você pode perceber claramente os efeitos dos seus pensamentos com os seus sentidos, sombras que se criam e luzes que se acendem. Quando isso acontece, seu corpo é percebido como mais leve ou mais pesado, sua boca fica mais amarga ou sua língua mais grossa, seu abdômen pode inflar mais ou menos, sua respiração muda o ritmo e parece que respirar exige mais esforço ou quase não sente sua respiração por ser muito profunda, suas extremidades suam ou se aquecem, enfim, os sintomas são infinitos.

Os efeitos mais comuns são os construtivos, destrutivos e canceladores.

Os efeitos construtivos provocam uma sensação de captação de energia, os segundos, de dispersão da energia e os terceiros, de manutenção de energia.

EFEITOS CONSTRUTIVOS-CRIATIVOS

Elvira foi a uma palestra a convite de uma prima. Ela estava sentindo-se para baixo, seu trabalho a ofuscava em vez de enaltecê-la e seu namorado a deixara. Ela aceitou o convite por falta de coisa melhor, como disse anos a fio ao contar a sua estória.

A prima, ao contrário, era uma pessoa positiva e em constante busca de boas oportunidades de se sentir bem e de conhecer o equilíbrio.

O palestrante era magnético e falava com verdadeira paixão sobre o poder de transformar nossa atitude mental. Ele dava um novo foco ao sentir a vida.

Quando o evento terminou, Elvira havia sido jogada em outra dimensão. Ela começou a dar chance ao seu espírito de existir abertamente. Ela deixou de lado a crença de que a racionalidade, aquela coisa do "só acredito no que vejo", podia tomar conta de toda a sua vida e dar um sentido a ela!

Elvira sentiu os efeitos construtivos e criativos em tudo o que viveu nos dias e semanas seguintes. Por conselho da prima, ela também passou a fazer uso das afirmações, aprendeu a usar decretos e a projeção de pensamentos e imagens.

*

O uso das afirmações e dos decretos bem direcionados pode provocar efeitos construtivos e estimular a criatividade sucessiva a elas.

- Eu sou a inteligência Divina em ação em progresso profissional.

- Eu sou a opulência Divina em ação nas minhas escolhas profissionais.

- Eu sou capaz de direcionar maior atenção durante o meu trabalho.

As duas primeiras frases contêm uma formulação de grande poder realizador por som e conteúdo. Seus efeitos tendem a se estender para fora dos limites que sua mente lhe impõe. A terceira frase é puramente mental. Ela tem uma intencionalidade mais diretamente relacionada ao poder pessoal de ação no próprio mundo, capacitando a mente a agir e moldar fisicamente uma situação qualquer.

Tente entender o verdadeiro conteúdo do que afirma antes de se dedicar com afinco a algum tipo de repetição. Pese cada palavra que vai pronunciar e se ela corresponde ao que deseja a você mesmo. Aceite que este aprendizado é tão sutil que somente a experiência direta poderá lhe fornecer detalhes preciosos do verdadeiro conhecimento.

No entanto, o que importa é iniciar o processo de autoconhecimento que poderá acalmar e direcionar o uso de sua mente, no lugar de ser dominado por ela de maneira até irracional. Passo a passo, você a educa, dirige e guia.

EFEITOS DESTRUTIVOS-REATIVOS

Você só pode se conscientizar do poder nocivo de certos pensamentos pelos efeitos devastadores.

O maior dos pensamentos destruidores é o "eu já sei tudo", "sei de tudo isso, mas não me interessa no momento".

Não há nada igual, porque ele gera o isolamento da sua alma. Impossibilita o desenvolvimento da sua alma.

É quando, acima de tudo, você pode ser uma pessoa leal consigo dizendo a verdade, que não sabe tudo porque não está confortável na situação em que se encontra, com a doença que foi diagnosticada, com a dor de cabeça, no conflito, no impasse, na dúvida ou no fracasso.

Vale a pena reconhecer que precisa aprender um novo modo de pensar. Vale a pena fazer perguntas que conduzam a isso.

- O que realmente está acontecendo na minha vida?
- Estou gerando um bom nível de experiências?
- Minha mente está agitada demais atropelando minhas emoções e meus atos?

Caso você diga a verdade, ainda assim não é nada fácil individuar o que realmente lhe faz mal. Sabe por quê? Porque os piores pensamentos são "aqueles" considerados bastante "normais".

Criticar a si mesmo é um dos mais comuns e poderosos, pois causam danos incalculáveis.

Por exemplo, assim que você conta para alguém que está detestando o seu corpo, esse alguém logo acrescenta que também está e nenhum dos dois escapa dos efeitos destruidores de tais pensamentos. Eles duplicam a carga energética e acabam voltando com o quádruplo de força. Os piores pensamentos se dirigem cada vez mais para os eventos que espera para si.

Por outro lado, você pode estar se criticando mentalmente, mesmo sem falar com ninguém, o que, aliás, possibilitaria encontrar alguém que freasse a atitude destruidora (caso fosse um indivíduo mais consciente do pensamento positivo e amoroso), e, portanto, só pode contar com a sua própria vontade de perceber os seus pensamentos. Não há testemunhas externas ao que pensa e é quando tem que fazer uma escolha de verdade, sem titubear nem trapacear. Sua alma é a testemunha ocular.

Quando perceber os indesejáveis, é necessário deixá-los passar sem lhes dar peso, mudando sua direção com determinação. Quando você faz isso, já está elaborando o próximo tipo de efeito de pensamento, o restaurador energético.

EFEITOS RESTAURADORES-ENERGÉTICOS

Você pode perceber se anda tendo bons pensamentos em relação à realidade que está vivendo, porque sente a sua energia como que restaurada ou intacta. Você sente uma disposição equilibrada e alegre, como se a saúde fizesse parte do seu dia e da sua noite de maneira bem natural, sem esforço nem conflito.

O efeito mais desejável de uma mente educada e guiada é a sensação de que não faz esforço para viver, você simplesmente vive. A mente esclarecida elabora direções com simplicidade, retira a complexidade de sua vivência e se refaz com relativa rapidez. Por exemplo, a pessoa que repete constantemente que está cansada, toma o melhor caminho para deixá-la à mercê de efeitos que estão a quilômetros de distância de se sentir restaurada e energizada. Nos dias de hoje, quando o mais comum é ouvir pessoas sentirem-se cansadas (ver o porquê no meu livro *Na toca do mistério*), o melhor que pode fazer por si é estabelecer uma rotina que lhe permita sentir efeitos restauradores.

Faça do seu pensamento uma oração!

Capítulo dezoito

Exercícios e práticas.

Quem diria que apenas algumas décadas depois de grande parte da população mundial ter se tornado alfabetizada em larga escala, tornar-se-ia tão importante treinar como se pensa quanto como se escreve!

Você leu como é importante educar a mente evitando divagações energéticas que podem ter efeitos devastadores, buscando discriminar os pensamentos para se empossar dos efeitos positivos e construtivos. Você também leu como o autocontrole sobre as influências que recebe pode levá-lo a dirigir a mente a outro padrão de energia. Finalmente, pode substituir os seus pensamentos indesejáveis por outros e isto o leva a guiar a sua mente.

Educar, dirigir e guiar a mente seguindo os rastros de Deus.

1. Afirmações com método de verdade

As suas afirmações bem direcionadas criam um atalho para o aperfeiçoamento mental, o pensamento bom.

O primeiro passo, antes de tudo, é avaliar o que de fato você necessita nesse momento da sua vida. Faça perguntas a si mesmo com sinceridade.

- O que realmente necessito nesse momento?
- Estipular um novo pensamento para a minha saúde?
- Escolher um pensamento que substitua outro que não tem me ajudado?
- Estabelecer um objetivo prático no âmbito do meu trabalho?
- Enfatizar metas das quais regularmente esqueço?

____

____

Você pode usar um caderno só para construir suas afirmações segundo o seu momento de vida. Crie o seu caderno de Exercícios de Conquista Mental, por exemplo. Quanto mais você se dedicar fisicamente às conquistas interiores, mais fácil será manter-se no treinamento. Exemplos:

- Necessito criar oportunidades novas no meu pensamento em relação ao trabalho.

- Estipulo parâmetros mentais novos para minha saúde; eu me imagino em ótima saúde; eu reforço meus músculos nos próximos dois meses.
- Estabeleço o prazo de um mês para terminar minha tese; eu recebo ótimas ideias para o projeto x do meu departamento; eu faço discursos objetivos e claros na próxima reunião da empresa.
- Enfatizo a minha meta de aprimorar minha capacidade mental; eu capacito meu pensamento a lidar com as influências externas.

O segundo passo para criar uma boa afirmação é o de fazer outras perguntas que o aproximem ainda mais do método simples de perceber uma verdade para poder resumir em frases afirmativas que rompam esquemas de pensamentos que não lhe servem mais.

Por exemplo:

Estou pronto para deixar para trás a resistência a ser saudável ou forte mentalmente, disciplinado em meu trabalho e comportamentos.

____

____

Caso tenha feito uma afirmação como o último exemplo indicado, você pode afirmar "Deixo para trás a resistência em usar melhor minha capacidade mental aqui e agora".

Repita, então, por escrito, as frases da primeira e segunda etapas do exercício. Sua mente vai se habituar a uma nova associação. Seu cérebro criará novas conexões nervosas e neurais para aplicar o que você está estabelecendo com sua atenção, intenção, escrita e fala.

2. Visualizações

As suas visualizações se tornam uma ponte para a emoção e por isso são poderosas. Dificilmente você pode gerar imagens construídas propositalmente sem um mínimo de emoção. É necessário cuidado ao criá-las e ao senti-las.

Ligar seu pensamento aos órgãos dos sentidos é potencializar ao máximo uma das suas habilidades no pensar.

Um dos trabalhos interiores mais interessantes dentro do panorama das visualizações é a possibilidade de modificar hábitos inoportunos no pensar. A visualização permite cancelar mentalmente pensamentos repetitivos de julgamento, de dispersão crônica, de evasão deletéria e, principalmente, o de pensar sobrepondo ideias sobre ideias sem direção alguma.

A visualização sistemática permite à sua energia ter pausas regeneradoras e fortalecedoras em múltiplos aspectos.

3. Autossugestão: um sucesso maior em suas palavras

Carlito me fitou surpreso quando terminei uma das explanações em um evento público. Com ar desapontado, disse:

– O que você ensina nada mais é do que autossugestão!

– Verdade. E qual é o problema? Por acaso as tragédias também não são fruto de autossugestão?

Para que você tenha um ótimo desempenho nas afirmações e visualizações, é necessário que deixe de lado qualquer preconceito quanto a isso e perceba que os dramas são gerados por você e por outros. Em compensação, ao compreender isto, você tem a chance de ver seus pensamentos positivos serem regenerados, reconstituídos e reforçados a cada minuto sobre a Terra.

As pessoas podem reforçar o que desejam de coração com grande poder de incisão.

Eu aprendo a usar o meu pensamento com propriedade.

Eis uma boa afirmação para ser feita constantemente no início de uma boa viagem do espírito.

No entanto há momentos de estagnação, é quando "nada" acontece apesar dos bons pensamentos.

Há momentos e assuntos que se parecem com muros divisórios intransponíveis, mesmo que você faça exercícios mentais constantes.

Muitas pessoas me perguntam o que devem fazer em casos como este. Há três possibilidades:

1. Você continua fazendo os exercícios sem se preocupar com o resultado. Aprecie o exercício em si, o que ele faz você sentir.

2. Você deixa de se ocupar com o assunto e deixa que a energia acumulada ao longo do tempo se encarregue de levar à frente o seu projeto mental.

3. Você aceita o que já está sendo dado a você pela Inteligência Suprema.

Jamais diga a frase fatídica "não adianta, nada acontece, essa coisa de pensamento não funciona". Provavelmente não está funcionando porque você não acredita mesmo.

Enfim, volte a fazer do seu pensamento uma oração de gratidão sem um porquê. Não treine a conquista da sua mente simplesmente, ou somente, por desejar resultados imediatos. Treine organizar seus pensamentos.

A conquista mental significa muito mais do que conquistar coisas do mundo com os pensamentos positivos. É claro que você fica feliz quando atinge metas e milagres quando eles acontecerem – e acontecerão inevitavelmente –, no entanto, sabe que o significado do seu poder vai muito além do óbvio e do imediato.

Conscientize-se de levar o sucesso mundo afora, lembrando-se de que sucesso é sentir positivamente e não chegar a um ponto definitivo.

Capítulo dezenove

A colocação do pensamento no desenvolvimento espiritual.

Muitos se julgam avançados espiritualmente por pertencerem a um grupo religioso, a uma filosofia extraordinária ou terem sido iniciados como líderes. O nome "desenvolvimento espiritual" é um pensamento que encanta multidões e, no entanto, poucos se dedicam a ele no calar da noite, no trajeto dos sonhos e no serviço.

Este livro não tem como objetivo discorrer sobre isso, mas somente alertar sobre a colocação da esfera do pensamento na viagem da alma. Insistir que a posição da esfera mental é fundamental para efetuar uma boa viagem.

É útil elucidar a presença dessa força, a do pensamento, como etapa de uma longa viagem rumo ao encontro com a luz e o amor.

A espiritualidade é luz, amor e serviço. A espiritualidade é amor, simplicidade e verdade. Espiritualidade é caminho, verdade e vida.

O pensamento é uma possibilidade extraordinária de captação de luz quando se imbui de ordem, limpeza e conhecimento, para então ser usado para transmitir e expressar sabedoria. Eis porque conquistar o próprio pensamento é ação fundamental no caminho espiritual.

Quando o seu pensamento torna-se organizado, a luz começa ter chances de penetrar o seu mundo e filtrar nas suas experiências e no seu olhar.

Toda a literatura antiga demonstra que os sábios, os conquistadores da alma, fizeram esta viagem iniciática no mundo mental. Quando existe o domínio da mente e o esvaziamento e\ou da mesma – sinal claro da purificação básica mental –, o Ser Superior pode ouvir, assimilar e transmitir pensamentos mais elevados. Conquistar o seu pensamento e qualificá-lo significa se dar a possibilidade de codificar e expressar a realidade Divina.

Lembre-se de que o treinamento do pensamento na ótica espiritual é apenas um dos capítulos da Viagem da Alma. O trabalho interior com os pensamentos é muito mais o modo de conhecer-contatar o seu eu interior de maneira verdadeira do que mostrar que você pode fazer coisas acontecerem.

Por outro lado, ao fazer esse treinamento de maneira sincera e interessada, começará a ter um vislumbre do que possa ser o reino do mistério e do invisível. Sim, porque você literalmente vê coisas acontecerem, milagres operarem no seu mundo, o que, consequentemente, o leva a se transformar. O jogo é sempre esse, jogar luz em sombras; e ao iluminar algo você recebe luz; recebendo luz, você se transforma ainda mais para quando, a seguir, for jogar mais luz em outras sombras.

É importante, no entanto, estar consciente de que nenhum pensamento poderá superar o de Deus, o que inclui tudo o que vemos e não vemos, tudo que ouvimos e não ouvimos, tudo o que nos cerca e o que não alcançamos, tudo o que sentimos como sensações e tudo o que ainda não sentimos como emoções. Organizar o seu pensamento é se conectar com uma direção que participa da Criação de Deus. Nós não podemos conhecer o pensamento de Deus a não ser por partes, preferivelmente, a parte que nos toca. Poucos têm condições físicas e energéticas para conviver com partes mais amplas de tal pensamento. É necessário estar disposto a uma dissolução tão intensa...

Conhecer-se ao máximo é aproximar-se da criação, da plenitude e da fonte de energia. Eis porque o/a convido para fazer parte do seu plano abençoando a nossa dimensão com o seu pensamento. A primeira grande etapa da viagem.

A evolução da alma acontece por múltiplas experiências, incluindo os grandes momentos intuitivos, por exemplo. Para que isso ocorra, a criação precisa contar com um corpo mental forte e saudável. Melhor ainda se for um corpo físico e mental em condições de vibrar energeticamente de maneira substancial e sutil ao mesmo tempo.

Há muitas etapas ao longo da viagem.

Depois dos pensamentos, a sua viagem continua no trabalho com a emoção, ali, no reino no qual a oração é ainda mais de casa e o mundo espiritual ganha cores e se torna o arco-íris. A seguir, o coração ganha uma parada significativa com encontro de energias cada vez mais delicadas e transformadoras. O trem que servia como transporte, até então, passa a ser a barca que sobe o rio e se alimenta de vida.

Capítulo vinte

A ética do pensamento.

O treinamento, em quaisquer dos seus métodos, precisa de um código de valor ético. No mínimo. Desde que você começa a lidar conscientemente com o mundo invisível (pelo menos no início), precisa deixar de lado qualquer tentação em pensar o que os outros devam fazer, curar, resolver ou dar. A manipulação precisa ficar bem longe do seu pensamento e do seu coração.

Conscientize-se de criar um sucesso,
sabendo que sucesso é se sentir positivo, saudável e construtivo
e não é chegar a um ponto definitivo.

Hoje estamos vivendo um tempo em que produtos acionados pelos impulsos do nosso pensamento aparecem a cada momento.

Cada vez mais aparelhos como aspiradores de pó ou brinquedos japoneses que obedecem à concentração mental surgem no mundo todo. Isso começa a dar ao grande público uma pálida ideia do potencial mental humano.

O próximo e grande passo é transferir conscientemente essa constatação aos nossos atos e não só a jogos ou a acionar computadores.

Lembrar-se de um passo fundamental no trabalho interior com os pensamentos é muito importante, o de ter plena consciência de que o seu sucesso está mais em como segue os rastros de Deus do que em alcançar um objetivo específico imediato.

Viajar bem é mais do que terminar a viagem, chegar. É indispensável conscientizar-se de que você e eu vivemos num planeta redondo: quanto mais longe você for, mais perto estará de si mesmo.

O desafio é se reencontrar no ponto de partida com uma luz de amor no pensamento. O trabalho interior qualifica a sua viagem e a faz luminosa.

Educar, dirigir e guiar a mente seguindo os rastros de Deus.

Boa viagem!

PS: Aviso aos queridos leitores que um trabalho muito mais intenso e profundo os espera no trabalho interior com as emoções, no qual as frequências podem atingir temperaturas mais altas. No próximo livro, uniremos emoções e pensamentos para que os efeitos harmonizadores de situações e geradores de novas experiências possam se materializar em suas vidas.

Com carinho e respeito,
Sonia Ramos

Impresso nas oficinas da
SERMOGRAF - ARTES GRÁFICAS E EDITORA LTDA.
Rua São Sebastião, 199 - Petrópolis - RJ
Tel.: (24)2237-3769